Der Revolutionär, der Kapitalist und das Streben nach Glück

Joachim Mohr

Der Revolutionär, der Kapitalist und das Streben nach Glück

Eine Geschichte von Freiheit
und Auswanderung

KLÖPFER&MEYER

Prolog

Ein Revolutionär und ein Geschäftsmann im 19. Jahrhundert – beide stammen aus der gleichen süddeutschen Kleinstadt, beide kämpfen für Freiheit, Wohlstand und eine bessere Zukunft. Dem einen gelingt alles, der andere scheitert. Einer wandert freiwillig in die USA aus, der andere gezwungenermaßen.

Getrieben von der Sehnsucht nach Neuem, waren der Mut und die Leidenschaft der beiden Männer überwältigend, ihr Streben nach Glück grenzenlos. Zwei Deutsche, die beispielhaft für eine Generation standen, die an den menschlichen Fortschritt glaubte.

Friedrich Tritschler wurde 1810 in der württembergischen Kleinstadt Kirchheim unter Teck geboren. Der gelernte Seifensieder stieg während der Revolutionsjahre um 1848 in dem 30 Kilometer südöstlich von Stuttgart gelegenen Ort zum Rebellenführer auf. Als überzeugter Demokrat stritt er für Meinungs- und Pressefreiheit, für politische Mitsprache jedes Einzelnen. Er kämpfte – ohne Rücksicht auf sein eigenes Wohl – gegen die erstarrte Monarchie und die Gewaltherrschaft des Adels.

Friedrich Tritschler (1810–1859), Foto um 1848

Obwohl er bei den ersten freien Wahlen in Württemberg in die Landesversammlung gewählt wurde, wurde er von Polizei und Justiz verfolgt und musste 1850 in die Schweiz fliehen. Kurz darauf wanderte er in die Vereinigten Staaten von Amerika aus.

Jakob Friedrich Schöllkopf wuchs ebenfalls in Kirchheim unter Teck auf. Er wurde 1819 geboren, lernte den Beruf des Gerbers, wanderte aber bereits 1841 in die USA aus. Dort machte er eine atemberaubende Karriere als Unternehmer. Er betrieb die größten Gerbereien und Mühlen der damaligen Zeit in den ganzen Vereinigten Staaten und war ein Pionier der Farbstoff-Produktion.

Vor allem aber gründete und baute er die Wasserkraftwerke an den Niagarafällen, das erste Großkraftwerk der Welt, das aus Wasserkraft Strom gewann. Auch nach seiner Übersiedlung in die USA pflegte er enge Kontakte in seine Heimat, regelmäßig reiste er für mehrwöchige Besuche zurück nach Württemberg. Er machte sich als Spender und Wohltäter einen Namen.

Der Revolutionär Tritschler und der Geschäftsmann Schöllkopf kannten sich persönlich, auch ihre Familien hatten Kontakt. Schöllkopf unterstützte Tritschler nach dessen Ankunft in den USA mehrmals mit umfangreichen Darlehen, damit dieser geschäftlich Fuß fassen konnte.

Friedrich Tritschler und Jakob Friedrich Schöllkopf sind zwei Helden der deutschen Geschichte. Beide kämpften, jeder auf seine Art, für Demokratie, Freiheit, Menschlichkeit und ihr persönliches Glück – und einer von ihnen zahlte einen hohen Preis dafür.

In den letzten Jahren seines Lebens, es waren auch die letzten Jahre des 19. Jahrhunderts, könnte Jakob Friedrich Schöllkopf sich an Friedrich Tritschler erinnert haben. Vielleicht überkam ihn Wehmut angesichts seiner eigenen Erfolge und der Niederlagen seines Bekannten. Der Großindustrielle blickte zurück auf sein eigenes Leben und auf das bereits vergangene des Freiheitskämpfers Tritschler und erkannte das Gewicht beider Lebenswege.

Jakob Friedrich Schöllkopf hätte die hier vorliegenden Erinnerungen verfassen können.

Jakob Friedrich Schöllkopf (1819–1899), Foto um 1860

Erinnerungen an Friedrich Tritschler und mein eigenes Leben

»Don't part with your illusions. When they are gone you may still exist but you have ceased to live.«

Mark Twain, 1897
(aus dem Reisebericht »Following the Equator«)

»Am Mute hängt der Erfolg.«

Theodor Fontane, 1890
(aus dem Roman »Stine«)

»Der Mensch ist frei geschaffen, ist frei,
Und würd' er in Ketten geboren [...]
Vor dem Sklaven, wenn er die Kette bricht,
Vor dem freien Menschen erzittert nicht.«

Friedrich von Schiller, 1797
(aus dem Gedicht »Die Worte des Glaubens«)

1

Friedrich Tritschler war ein wahrlich miserabler Kaufmann. Sicher, er war ein ehrhafter und geschickter Handwerker, aber ein hanebüchener Geschäftsmann. Mit Geld konnte er nicht umgehen, nicht mit Gulden und nicht mit Dollar. Finanziell betrachtet war sein Leben eine Katastrophe.

Seine Schulden waren nach seinem überraschenden Tod so hoch, dass weder seine Frau in den Vereinigten Staaten noch sein Vater in Deutschland die vielfältigen Darlehen und Außenstände auch nur annährend tilgen konnten. Friedrich Tritschler stand wiederholt vor dem finanziellen Ruin, gerade in seiner Zeit in den USA. Zeitweise konnte er kaum seine Familie ernähren. Wobei sich zu seinem Unvermögen in geschäftlichen Dingen immer wieder auch eine gehörige Portion Pech gesellte, leider: So brannte während seiner Jahre hier in den Vereinigten Staaten sein kleiner Handwerksbetrieb einmal bis auf die Grundmauern ab.

Ich selbst musste nach seinem Tod über 12 500 Dollar abschreiben, Geld, das ich ihm zu verschiedenen Zeitpunkten geliehen hatte, um ihn vor dem drohenden Bankrott zu retten und seiner Familie in größter Not zu helfen. Anderen Gläubigern erging es wohl nicht anders. Doch ich will ehrlich sein: Schon als ich ihm das Geld lieh, war ich mir nicht sicher, ob ich es jemals wiedersehen würde. Jedes Mal, wenn er mir einen unterschriebenen Schuldschein auf den Tisch legte, hatte ich ein ungutes Gefühl. Friedrich Tritschler war nicht dazu geboren, sein Geld zu vermehren und reich zu werden, es rann ihm, zu seiner eigenen Verzweiflung, durch die Finger.

Um es an dieser Stelle aber sogleich klarzustellen: Friedrich war nicht faul, nein, nicht im Geringsten, er arbeitete jeden einzelnen Tag hart, von morgens bis abends. Er versoff das wenige Geld, das er hatte, nicht in zweifelhaften Wirtshäusern, er brachte es weder bei Glückspielen in dunklen Spelunken noch des Nachts mit fremden Frauenzimmern durch.

Friedrich Tritschler war durch und durch ein Mann von edler Gesinnung, vielmehr, er war ein Mensch, der sein Leben lang an das Gute und Wahre glaubte und die Welt zum Besseren wenden wollte. Er rang im Deutschen Bund in den unruhigen Jahren in der Mitte des 19. Jahrhunderts für Freiheit und Demokratie, für die Selbstbestimmung jedes Einzelnen. Wobei die Unfreiheit die Menschen, wie wir wissen, noch Jahrzehnte bedrängen sollte, im Grunde bis in die heutige Zeit, kurz vor der Jahrhundertwende zum Jahr 1900.

Ich sitze in meinem Schreibzimmer in Buffalo, im Jahr 1898, bequem und zufrieden, in einem Land, in dem die Demokratie seinen Bürgern schon vor über hundert Jahren die Freiheit geschenkt hat.

Friedrich Tritschler kannte ich seit meiner Kindheit, er stammte wie ich aus Kirchheim unter Teck, einer kleinen, schmucken Stadt, gelegen im alten Königreich Württemberg, rund 30 Kilometer südöstlich von Stuttgart, der Landeshauptstadt.

Konnte ich hier in Amerika einem armen, gedemütigten Landsmann die Hilfe verweigern? Konnte ich ihm seine Bitte um Startkapital, um Unterstützung für den Lebensunterhalt seiner Familie abschlagen? Ich, der es zu mehr als nur achtbarem Wohlstand gebracht hatte? Hätte ich hartherzig sein sollen gerade ihm gegenüber, einem Freiheitskämpfer, einem Streiter gegen die Willkür des alten Adels, einem Rebellen wider die längst hohl gewordene Königsherrschaft?

Nein, ich musste diesem mutigen Kerl Beistand gewähren, denn Friedrich Tritschler war ein Demokrat, ein Republikaner, ein Revolutionär – in meinen Augen ein Held!

In den wild bewegten Jahren um 1848, als aufrechte Männer im Deutschen Bund gegen die überkommene Aristokratie, das Gottesgnadentum und die hinterlistige Obrigkeit auf die Barrikaden gingen, stand er in meiner schwäbischen Heimat an der Spitze der Revolte. Er zählte zu den heroischen Männern, die für ihr Verlangen nach Freiheit ihre berufliche Existenz riskierten und ihr Leben aufs Spiel setzten. Ihnen sollte ein Ehrenplatz in den Geschichtsbüchern zustehen, aber sie werden zu oft vergessen. Für seinen ungestümen Freiheitsdrang sollte Friedrich Tritschler einen hohen Preis bezahlen.

Friedrich hat in seinem viel zu kurzen Leben seinen gescheiten Kopf für all die Ideale hingehalten, die mir hier in Amerika meinen wirtschaftlichen Erfolg ermöglichten. Nachdem er ebenfalls hierher ausgewandert war, wenn auch nicht freiwillig, musste ich ihm unter die Arme greifen. Das war für mich selbstverständlich, hatte ich hier in diesen wunderbaren Vereinigten Staaten von Amerika doch mein Glück gefunden; in diesem freiesten Land der Welt.

Heute, fast vier Jahrzehnte nach seinem Tod, da sich auch mein Leben seinem von Gott bestimmten Ende zuneigt, erkenne ich, dass Friedrich Tritschler unendlich mehr wert war als all die Dollars, die ich durch ihn verloren habe; er war als Mensch unendlich kostbar.

Friedrich war einer der Freiheitskämpfer, von denen es um 1848 in den deutschen Landen ja den einen oder anderen gab, doch zu wenige. Eine große Zahl dieser Demokraten wurde enteignet, für Jahre ins Gefängnis geworfen, manche gar hingerichtet. Tausende wurden vertrieben und flohen, etwa nach Amerika.

Der Wunsch nach Freiheit und Einheit Deutschlands war in der ersten Hälfte des 19. Jahrhunderts immer größer geworden, die Bereitschaft, vor den Fürsten zu buckeln, immer kleiner. So ist mir das Andenken an Friedrich Tritschler im Laufe meiner letzten Jahre mehr und mehr zu einem Herzensanliegen geworden; ich möchte verhindern, dass dieser tapfere Mann und sein Schicksal in Vergessenheit geraten.

Manchmal beschäftigt mich die Frage, ob Friedrichs Bemühungen wertvoller waren als meine eigenen. Er kämpfte nicht nur für sich selbst, sondern für alle Menschen in seiner Umgebung, ja: in ganz Deutschland. Für meine wirtschaftlichen Erfolge werde ich heute in den ganzen Vereinigten Staaten bewundert und verehrt, aber waren diese Siege womöglich eher selbstsüchtiger Natur?

2

Zunächst, ich gebe es zu, war Friedrich Tritschler auch bei mir nach all den Jahren ein wenig im Dunkel der Erinnerung verschwunden. Ich baute in Buffalo meine Gerberei auf, stieg in das Mühlengeschäft ein, es kamen die Beteiligungen an den anderen Unternehmen hinzu, in Chicago, in Milwaukee. Die Geschäfte entwickelten sich prächtig, die Umsätze und die Zahl der Angestellten wuchsen von Jahr zu Jahr. Ich stieg in die Produktion von Farbstoffen ein, ein weiteres großes Geschäftsfeld.

Und dann kam, vor rund zwanzig Jahren, das Wasserkraftwerk an den Niagarafällen dazu, die Stromerzeugung, die es so bis dahin auf der ganzen Welt nicht gab und die auf einmal alles veränderte. Welch ein Triumph! Die Menschen bewundern mich, suchen meinen Rat, ja, es sei mir an dieser Stelle gestattet zu schreiben, dass ich wohl einer der bekanntesten Unternehmer dieses Landes geworden bin.

Nun, im hohen Alter, ich rücke ja beständig auf die 80 vor, schaue ich immer öfter zurück, ich gebe zu, oft voller Stolz, oft aber auch wehmütig. Meist ist es mir nicht recht, aber die Gedanken treiben mich wie von selbst in die Vergangenheit. Jetzt grüble ich, wie in den vergangenen Wochen häufig, an meinem Schreibtisch in unserem Haus in der noblen Delaware Avenue in Buffalo und schaue durch die großen Fenster in unseren Garten, wo sich die Bäume noch in grüner, spätsommerlicher Pracht im lauen Wind wiegen. In wenigen Wochen, vielleicht schon in einigen Tagen, wird der letzte warme Sommerabend des Jahres vorüber sein, die hellen Stunden werden weniger werden. Und meine Erinnerungen führen mich in die alte Heimat – und zu Friedrich Tritschler.

Ich denke an mein turbulentes, erfülltes Leben und sein um so viele Jahre kürzeres Dasein voller Kämpfe und Niederlagen, voller Beschwernisse. Im Gegensatz zu mir blieb ihm jeglicher Erfolg, jegliche Anerkennung verwehrt, bis zu seinem Ende. Dabei scheinen mir heute, wenn ich auf dieses Jahrhundert zurückblicke, Männer wie er genauso wichtig zu sein für den menschlichen Fortschritt wie bedeutende Staatenlenker oder erfolgreiche Unternehmer. Was wäre der Weltenlauf ohne die Streiter für Freiheit und Gerechtigkeit? Ein Trauerspiel.

Trotzdem, ich habe so manche Stunde mit mir gerungen, ob es Sinn macht und die Mühe wert ist, meine Erinnerungen an Friedrich Tritschler aufzuschreiben. Können diese Geschichten aus der Vergangenheit denn etwas bewirken? Wer wird diese Notizen lesen wollen? Wird man meine Absicht verstehen, nicht nur einen beliebigen jungen Mann zu beschreiben, sondern einen Kämpfer für eine hellere Zukunft, der auch heute als Vorbild taugt? Werden die Menschen etwas lernen, oder sind all die Buchstaben nutzlos?

Das vielleicht größte Problem aber: Wird es mir gelingen, mich verständlich auszudrücken? Sind meine Erinnerungen noch lebendig genug, um zurückschauen und berichten zu können? Zeit meines Lebens war ich ja Geschäftsmann, kein Skribent, kein Schreiberling.

Doch die Idee, über Friedrich Tritschler zu schreiben, hat mich in den vergangenen Monaten so stark beschäftigt, dass ich nun nur noch sagen kann: Voran, ich will es wagen – alles andere wäre Feigheit! Möge es mir gelingen, das Leben Friedrich Tritschlers aufrichtig zu Papier zu bringen, soweit meine Gedanken es erlauben; und es sei mir gestattet, auch Stationen meines eigenen Lebens dabei einzuflechten. Ich will sogar so anmaßend sein, einige Worte zum großen Weltgeschehen und zu den einen oder anderen Niederungen der Politik zu verlieren, zu Königen und Präsidenten, allgemein zum Streit um Freiheit und Demokratie, über Deutschland und auch über die Vereinigten Staaten.

Ein Unternehmer wie ich arbeitet nicht nur von morgens bis abends an Geld und Rendite, mögen die gemeinen Charakter dies auch glauben, nein, auch ich erlaube mir Gedanken über die Menschen und die Welt, in die wir geworfen sind, über den Sinn unseres irdischen Daseins.

Um Nachsicht muss ich den geneigten Leser indes bitten, wenn er glaubt, Lücken in meiner Rückschau zu entdecken, oder wenn er sich wundert, warum ich über das eine Ereignis zahlreiche Details berichte, über ein anderes hingegen in schnellen Schritten hinwegschreite. Zwar habe ich mich bei Verwandten, Freunden und Bekannten, bei Geschäftspartnern in Kirchheim und hier in den USA noch einmal nach Friedrich Tritschler erkundigt, habe mir dieses und jenes berichten und erzählen lassen, habe angeordnet, mir Bücher, Artikel und Schriftstücke zu schicken. Schon früher habe ich über Jahre die Kirchheimer Zeitung, das lokale »Amts- und Intelligenzblatt«, sammeln und mir in Abständen nach Amerika schicken lassen.

Trotzdem werden sich Fehlstellen in meiner Niederschrift nicht vermeiden lassen, womöglich wird sich auch der eine oder andere kleine Irrtum einschleichen. Auch wenn ich alles tun werde, Missgriffe zu vermeiden; sehen Sie mir diese nach.

Meine letzten Erlebnisse mit Friedrich Tritschler liegen nun schon fast vier Jahrzehnte zurück, noch länger die Kämpfe um Freiheit und Demokratie in Deutschland um das Jahr 1848 herum. Wobei ich denke, und das gibt mir Zuversicht beim Schreiben, dass der historische Abstand den Blick zurück schärfen kann und manche Bewertung klarer macht.

Jedenfalls hoffe ich, dass es mir gelingt, ein gerechtes und für den Leser anregendes Bildnis von Friedrich Tritschler zu entwerfen, diesem so streitbaren Demokraten und gutherzigen Menschen.

Für mich ist er, so will ich es sagen, ein zu Unrecht vergessener Freiheitsheld!

3

Als sicher kann fraglos gelten: Friedrich Tritschler wurde am 8. September 1810 in Kirchheim unter Teck geboren. Eines seiner Kinder hat es mir noch einmal bestätigt.

Sein Vater war Seifensieder und betrieb in dem Marktflecken am Rande der Schwäbischen Alb eine durchaus gut gehende Werkstatt. Wie in diesem Gewerbe allerorten üblich, wurden in dem Betrieb Seifen und Kerzen hergestellt. Vor allem tierische Fette wie Rinder-, Schafs- oder Ziegentalg wurden in offenen Kesseln aufgeheizt, geschmolzen, mit Lauge versetzt und dann verarbeitet. Die teureren Kerzen hatten einen gut brennenden Docht aus Baumwolle, die billigeren einen aus Leinen, der häufig von Hand gekürzt werden musste, weil er stark rußte. Auf die Qualität des Talgs musste geachtet werden, denn enthielt dieser noch Blut- und Gewebereste, so verbreitete die Kerze einen kaum auszuhaltenden Gestank. Bei Imkern gab es natürlich auch Kerzen aus Bienenwachs, aber diese waren teuer und nur für wenige reiche Bürgern erschwinglich.

In der Stadt hieß es, dass Vater Tritschler zeitweise ein Vermögen von 30 000 Gulden angehäuft hätte;

ich vermute, es war sogar noch mehr. Das Haus der Familie samt der Werkstatt stand am Schloßgässlein, einer Seitenstraße der Marktstraße, direkt im Stadtkern, zum Marktplatz waren es gerade einmal 200 Meter.

Dabei scheint schon der Vater ein eigenwilliger Kopf gewesen zu sein, denn einmal weigerte sich dieser, eine Stelle als Stadtrat anzunehmen, obwohl er nach der Landesverfassung dazu verpflichtet gewesen wäre. Über die nötige Zeit und das erforderliche Geld für das Amt hätte er wohl verfügt, aber er wollte nicht. Der alte Tritschler verzichtete deshalb sogar auf seine Bürgerrechte in Kirchheim und zog auf die Schwäbische Alb hinauf in ein abgelegenes Dorf namens Ochsenwang.

Der junge Friedrich Tritschler hat wahrscheinlich die gemeine Volksschule besucht, dass er an der örtlichen Lateinschule eingeschrieben gewesen wäre, kann ich mir nicht vorstellen, das hätte seinem Vater wohl nicht behagt. Er ging dann bei seinem Vater in die Lehre und wurde ebenfalls Seifensieder. Von 1828 an verbrachte er drei berufliche Wanderjahre in Frankreich, was damals nicht selten war, denn Frankreich war ein wichtiger Handelspartner für Württemberg; Friedrich war unter anderem in Paris, Nancy, Lyon und Marseille.

Diese Jahre waren für sein weiteres Leben vermutlich von großer Bedeutung; wenn ich heute darüber nachdenke, bin ich mir dessen sicher. Im Französischen wird er mit den demokratischen Idealen der Französischen Revolution in Berührung gekommen sein. Gerade während er dort weilte, im Jahr 1830, hatte ein Aufstand den konservativen König hinweggefegt, und ein so genannter Bürgerkönig wurde eingesetzt.

Der Schlachtruf der Revolution von 1789 hieß ja »Freiheit, Gleichheit, Brüderlichkeit« – welch umstürzlerische Ideen waren dies doch auch Jahrzehnte später noch im Europa der Restauration, in dem die alten Monarchen sich so schmerzlich an die Macht klammerten!

Der Gedanke, dass jeder Mensch, wirklich jeder Einzelne, frei sein sollte und die gleiche Würde besitzt, hat Friedrich Tritschler jenseits des Rheins wohl tief in seinem Innersten erfasst und nie mehr losgelassen. Jedenfalls muss er als politischer Mensch zurückgekehrt sein, einer, der sich nun einmischen wollte, der nicht mehr blind an die Obrigkeit glaubte, weder dem Oberamtmann in der Schreibstube noch dem Pfarrer auf der Kanzel.

Ja, Friedrich war von seiner Rückkehr an einer der wenigen Männer aus dem einfachen Volk in Kirchheim, der sich seine eigenen Gedanken machte und diese auch offen aussprach, ob es der Staatsgewalt passte oder nicht.

4

Ich selbst kam neun Jahre nach Friedrich Tritschler zur Welt, am 15. November 1819, als zwölftes von 15 Kindern. Meine Geburt stand unter guten Vorzeichen, so kann ich in der Rückschau sicherlich zutreffend feststellen. Mein Vater war ein erfolgreicher Gerbermeister, seine Geschäfte liefen mehr als gut. Wir besaßen drei Häuser, eine ansehnlich große Werkstatt, dazu Äcker und Wiesen.

Als mein Vater starb, hinterließ er ein stattliches Vermögen. Er war nicht nur ein hervorragender Handwerker gewesen, sondern auch ein geschickter Geschäftsmann. Jedenfalls hatte er auch anderen Geschäftsleuten Kredite gewährt und dafür, wie es üblich ist, anständige Zinsen kassiert. Unsere Sippe zählte zu den alteingesessenen Familien in Kirchheim, schon mein Großvater und mein Urgroßvater waren Gerber gewesen, seit etwa 1680 lebten meine Vorfahren dort.

Mit 14 Jahren verließ ich, wie fast alle Jungen meines Alters, die Volksschule, wo ich ein wenig lesen, schreiben und rechnen gelernt, insbesondere aber jede Menge Bibelstellen gepaukt hatte. Im Betrieb meines Vaters begann ich eine Gerberlehre; wir produzierten aus unterschiedlichen Tierhäuten vor allem rotbraune Leder. Die Arbeit war, wie sie es auch heute in diesem Gewerbe noch ist, anstrengend und dreckig.

Die Häute der Tiere mussten erst gewaschen und enthaart werden, dann gegerbt, anschließend gereinigt und getrocknet. Als Gerbstoff verwendeten wir meist gemahlene Eichenrinde; dabei konnte allein das Gerben selbst in gemauerten und hölzernen Gruben bis zu zwei Jahre dauern, je nachdem, welche Qualität das Leder anschließend besitzen sollte. Der Gestank bei der Arbeit war bestialisch, aber das ist ja nicht zu vermeiden.

Meine Lehrzeit dauerte fünf Jahre. Dann, ich war mittlerweile 19, zog auch ich ins Französische, und zwar nach Straßburg. Bei einem großen Lederhändler lernte ich alles Wichtige über den Kosmos des Handels, also den genauen Umgang mit Ausgaben und Einnahmen, wie man Auftragsbücher führt und wie Verträge abgefasst werden. Mein Vater fand, ich sollte ein geschickter Gerber werden, aber auch ein gewiefter Geschäftsmann. »Wie klug er war!«, denke ich heute oft. Straßburg war damals eines der wichtigsten Zentren des Gerberhandwerks und Lederhandels in Europa; zwei Jahre blieb ich in der lebhaften Stadt im Elsass.

Schon zu dieser Zeit dachte ich darüber nach, vielleicht auszuwandern, nach Amerika zu gehen, und fantasierte über die sagenhaften Möglichkeiten, die ich dort vorfinden würde. In Kirchheim drohte ich als kleiner Handwerker zu enden oder, sollte das Schicksal es schlecht mit mir meinen, gar als Tagelöhner. Den Betrieb meines Vaters sollte jedenfalls mein erstgeborener Bruder Carl Christian erben, die weiteren Hinterlassenschaften würde ich mit meinen zahlreichen Geschwistern teilen müssen; es würde nicht viel übrig bleiben für mich.

All diese verschiedenen Dinge aus Leder, Kleidungsstücke, Schuhe oder auch Reitzeug, die mussten in Amerika doch gefragt sein, dachte ich mir. Und ich war Gerber, ich konnte diese Gebrauchsgegenstände herstellen und liefern! In den Vereinigten Staaten sollte es, so hatte ich gehört, in der Prärie riesige Rinderherden geben, also wären auch Felle in großen Mengen verfügbar. Ich wollte mehr erreichen als meine Berufskameraden, mehr sein als nur ein kleiner Gerber.

Außerdem fand ich, dass die Herstellung von Leder verbessert werden könnte: Die Qualität der Leder musste höherwertig sein, der Prozess der Arbeit schneller und einfacher werden. Verarbeitete man größere Mengen, könnte dies billiger geschehen. Es müsste mir doch gelingen, geschäftliche Rivalen auszustechen. So dachte ich mir das zumindest, während ich in Straßburg Aufträge entgegennahm und Waren fertig machte für die Auslieferung.

War ein Leben in Amerika Erfolg versprechend, würde mich dort tatsächlich eine glänzende Zukunft erwarten? Könnte ich jenseits des Atlantiks überhaupt als Gerber arbeiten, oder gab es dort schon genügend Lederarbeiter? Müsste ich mich womöglich in einem anderen Beruf verdingen, und wenn ja, in welchem? War es überhaupt anzunehmen, dass ich dort irgendeine Arbeit fand? Oder landete ich womöglich auf der Straße, von Hunger gequält und in Lumpen? Warteten auf mich in Amerika wirklich bessere Chancen als in meiner schwäbischen Heimat?

Oder war das Vorhaben zu emigrieren viel zu riskant? Schon die Überfahrt war ja nicht ungefährlich. Was, wenn ich krank werden würde? Und dann dort … die Angst, überfallen, ausgeraubt, schwer verletzt oder gar ermordet zu werden?

Unter Arbeitskollegen und Freunden wurde damals viel darüber geredet und gestritten, ob es klug sei auszuwandern oder nicht; oft waren aber nur Spekulationen und Gerüchte zu hören, selten wusste einer etwas Sicheres zu berichten. Es kreisten zahlreiche Schriften, die Ratschläge erteilten für diejenigen, die ihr Bündel schnüren und sich über das Meer aufmachen wollten. Aus meiner heutigen Sicht muss ich sagen, dass manche Aussagen und Vorschläge in diesen Heften zweifelhaft waren und zu sonnige Aussichten für das wahrlich harte Leben in der neuen Welt prophezeiten.

Wobei mir erst vor einigen Wochen eine zerfledderte Schrift von damals in die Hand gefallen ist, das »Hand- und Reisebuch für Auswanderer nach den Vereinigten Staaten«, wie auf der Titelseite steht, erschienen wohl um 1840. Darin ist zu lesen: »Die Gewerbe werden zwar frei betrieben, aber diese Freiheit, alle treiben zu dürfen, schickt jedem, der ein einträgliches Geschäft gefunden zu haben glaubt, sogleich eine Menge Konkurrenten auf den Hals.« Das stimmte natürlich zu hundert Prozent!

Vor allem aber steht dort, »dass Amerika das Land gleicher Rechte ist«. Und weiter: »Selbst die Regierungen sind hier nicht Götter, sondern nur Diener des Volkes, das sie nach Wohlgefallen ein- und absetzt. Statt dass in Europa das Volk vom Regenten abhängt, hängt hier der Beamte vom Volk ab.« Welch wahre Worte! Die Vorstellung, dort ein freier Mann zu sein, jedem anderen gleichgestellt, ohne Ansehen von Herkunft und Vermögen, das riss mich mit.

Und nach jetzt über vier Jahrzehnten in diesem Land kann ich nur bekräftigen, wie segensreich diese Demokratie ist – für die Politik, die Wirtschaft, vor allem für jeden Einzelnen.

5

Deutschland war in den zwanziger und dreißiger Jahren dieses 19. Jahrhunderts nicht mehr als ein chaotischer Flickenteppich, auch wenn kaum einer sich das heute mehr vorstellen mag. 1815 war der Deutsche Bund gegründet worden, ein loser Staatenbund, nicht mehr; zusammengestückelt aus 34 Fürstentümern und vier freien Städten, wenn ich mich recht entsinne. Die Großmächte Preußen und Österreich dominierten dieses krude Durcheinander, ansonsten herrschte allerorten engste Kleinstaaterei.

Jetzt, kurz vor dem großen Jahr 1900, erscheint einem solch ein staatliches Tohuwabohu unvorstellbar, hat Bismarck doch bereits 1871, vor über 25 Jahren, nach dem Deutsch-Französischen Krieg das Deutsche Kaiserreich erzwungen.

Wie konnten die Menschen nur in solch konfusen Verhältnissen leben? Außerhalb der heimischen Gemarkung gab es zu dieser Zeit allüberall unterschiedliche Währungen, Zölle und Steuern. An Brücken, Stadttoren und sogar an manchen Landstraßen mussten Passiergelder bezahlt werden – für jeden Reisenden, jeden Kaufmann ein Graus! Vom Fürsten bis zum Nachtwächter hielten alle ihre gierigen Hände auf, im großen Maße profitierten jedoch meist nur die alteingesessenen Aristokraten.

Erfolgreichen Handel außerhalb der eigenen Stadt zu treiben oder gar über weitere Entfernungen, war für Handwerker und Händler ebenso mühsam wie gefährlich. Ohne Schmiergelder kam kein Wagen, beladen etwa mit Leder oder Getreidesäcken, in eine andere Stadt. Manch kleinen Kaufleuten blieb, um zu überleben, nur gar der Schmuggel.

Politisch war alles festgefahren, im Grunde seit Jahrhunderten; der Adel hatte die Macht, das Volk hatte still und duldsam zu sein. Wobei durchaus schon liberale Kräfte in den deutschen Landen existierten, das Bürgertum wuchs, wenn auch langsam, aber politisch zu sagen hatte es nichts, nichts. Die Revolution im Juli 1830 in Frankreich gab den deutschen Liberalen kurzzeitig Auftrieb: In Paris folgte auf einen reaktionären König, der sich selbstverständlich auf das Gottesgnadentum berief, der vom Parlament vereidigte Bürgerkönig Louis Philippe; die französischen Bürger erlangten mehr Macht und Einfluss.

In Deutschland forderten Ende Mai 1832 beim großen Fest auf dem Hambacher Schloss in der Pfalz 30 000 Teilnehmer Freiheit, mehr soziale Gerechtigkeit und die nationale Einheit Deutschlands. Offiziell feierten die bürgerlichen Oppositionellen in der Schlossruine nur ein Volksfest, denn das war trotz

Polizeistaat erlaubt, doch unter schwarz-rot-goldenen Fahnen, die zum Symbol für eine deutsche Nation wurden, erhob sich der drängende Wunsch nach politischer Veränderung.

Aber das war nur ein kurzer freiheitlicher Windhauch, wie wir heute wissen, die schwarz-rot-goldene Fahne wurde verboten, Redner und Organisatoren des Festes wurden verhaftet und eingekerkert. Die Fürsten regierten einfach weiter wie zuvor, autoritär, rücksichtslos, rückständig.

Das Leben in meiner Heimat, im Königreich Württemberg, war für die meisten Menschen entbehrungsreich, verzweifelt. Die Bevölkerung wuchs Anfang des Jahrhunderts deutlich, die Löhne jedoch waren gering und die Kosten für das tägliche Leben hoch – jeder musste kämpfen, um zu überleben. In manchen Jahren gab es nicht genug zum Essen, und die Jacken und Hosen der einfachen Leute waren oft kaum mehr als Lumpen, selbst ein neues Hemd anzuschaffen war für viele zu teuer.

In Kirchheim konnten die meisten Bauern von ihrer dürftigen Landwirtschaft nicht leben, viele Handwerker nicht von ihren Gewerken. Viele Bauersleute, mit denen meine Familie bekannt war, verdingten sich zusätzlich als Tagelöhner und spannen abends Wolle oder webten Stoffe. Handwerker, auch die Konkurrenten der Tritschlers, hielten sich nebenher noch ein paar Schweine und ein oder zwei Kühe, wenn Haus und Hof es zuließen. Die meisten dieser Handwerker und Kleinbauern fristeten eine erbärmliche Existenz, darbten ähnlich wie die wachsende Zahl der Tagelöhner. Am Rande der Stadt, außerhalb der alten Stadtmauern, bewirtschafteten die Bedürftigen kleine Gemüsegärten und Streuobstwiesen, um sich wenigstens mit dem Nötigsten selbst versorgen zu können.

Eine der Ursachen für die weit verbreitete Armut, die so oft kärgliche Existenz, war das in Württemberg verbreitete Prinzip der Realteilung. Das Erbe wurde unter den männlichen Nachkommen meist mehr oder weniger gerecht aufgeteilt, was anständig war, aber zum wirtschaftlichen Niedergang der Familien führte. Dem Einzelnen blieb am Ende nicht viel; zum Leben zu wenig, zum Sterben zu viel , wie man so sagt. Zudem regelten in den Städten die Zunftordnungen rigide, wer Bäcker, Metzger oder Wagner werden durfte, und was diese wiederum genau zu tun hatten und was sie nicht tun durften.

Die Menschen konnten sich nicht frei entfalten, sie waren wie in Ketten, Fleiß und Können allein gereichte kaum jemandem zum Wohlstand; nur sehr wenige konnten ihr Glück aus eigener Kraft machen. Ich sah diese Misere bereits in meiner Jugend, und auch Friedrich Tritschler hat sie wohl früh erkannt.

Bereits in den Jahren 1816 und 1817 war es in Kirchheim zu einer ersten Auswanderungswelle nach Amerika gekommen, weil viele Einwohner von einer

Hungersnot gequält wurden; fast 700 von den rund 4 000 Einwohnern waren damals auf Almosen der Stadt und der Kirche angewiesen gewesen.

Nach einer Statistik aus dem Jahr 1834 boten nur einige wenige kleine Manufakturen in Kirchheim feste Anstellungen: Die Baumwollweberei Kolb & Schüle war der größte Betrieb der Stadt, in der Fabrik waren rund 25 Weber und Färber beschäftigt, außerdem arbeiteten außerhalb der Fabrik weitere 80 bis 120 Weber für sie, je nach Auftragslage. Der Instrumentenmacher Franz Anton Kaim, der erstklassige Fortepianos herstellte und diese bis nach Bayern, Baden und in die französische Schweiz lieferte, bot knapp zehn Arbeitern eine Anstellung, beim Buchbinder Friedrich Enslin waren ebenfalls zehn Arbeiter in Lohn und Brot.

Wie überall gab es natürlich Bäcker, Metzger, Schuster und Schneider, aber Gerber existierten in Kirchheim besonders viele, wohl um die 50. Die meisten waren jedoch nur kleine Familienbetriebe, nicht zu vergleichen mit dem profitablen Unternehmen meines Vaters, der mehrere Arbeiter beschäftigte. In der Seifensiederei der Tritschlers schufteten nur der Vater und die Söhne, wenn ich mich recht erinnere.

Fühlen Sie sich durch die vielen Zahlen bitte nicht bedrängt, lieber Leser, aber einen Geschäftsmann wie mich interessieren solche Statistiken nun einmal. Ich will mich auf den kommenden Seiten zügeln.

6

Wie sah die Heimatstadt von Friedrich Tritschler und mir aus? War es ein schmuckes Städtchen oder eher ein gedrücktes Dorf? Was für Menschen lebten dort, wie sah ihr Alltag aus?

Ein Finanzassessor namens Rudolph Moser hatte 1842, im Jahr nach meiner Auswanderung und wenige Jahre vor dem demokratischen Aufbäumen von 1848, das gesamte Oberamt Kirchheim bereist und im Auftrag des »Statistischen-topografischen Bureaus« des Königreichs Württemberg einen langen Bericht über die Region verfasst. Eine verdienstvolle Arbeit!

Nach diesen Notizen lebten in Kirchheim damals rund 5 500 Menschen, fast alle Protestanten; nur rund ein Dutzend katholische Einwohner waren gemeldet, keine Juden. Ein Ehepaar hatte durchschnittlich fünf Kinder, gut ein Drittel aller Kinder starb vor dem ersten Lebensjahr. Über die Einheimischen notierte der Beamte: »Die Einwohner sind ein kräftiges, derbes Geschlecht, durch strenge Arbeit, theils auf dem Felde, theils in den Werkstätten abgehärtet, dessen Erwerbsfleiß wirklich oft musterhaft ist.« Wie zutreffend, lässt sich nur sagen.

Textilgewerbe und ein Wollmarkt verliehen unserem Ort ein wenig überregionale Bedeutung: »Die 5 Jahrmärkte und die alle Montage stattfindenden Wochenmärkte übertreffen alle Märkte der angrenzenden Oberämter«, schrieb Moser für die Landesverwaltung auf. »Von hoher Bedeutung ist der 1819 gegründete Wollenmarkt.«

Die meisten Häuser in der Innenstadt waren erst um das Jahr 1700 herum erbaut worden, denn das Stadtbild Kirchheims ist geprägt von einer beispiellosen Katastrophe: Im Jahr 1690 war fast das ganze Stadtzentrum bei einer Feuersbrunst abgebrannt; nur das Schloss und eine Handvoll Häuser blieben damals erhalten.

Bis heute bestimmen mit Holzfachwerk errichtete Häuser den Anblick des Städtchens, die meisten ordentlich verputzt. Ein kleines und schlichtes Renaissanceschloss aus dem 16. Jahrhundert, dreistöckig, eingefügt in die alte Stadtmauer, diente seit Anfang des 17. Jahrhunderts immer wieder als Wohnsitz der herzöglichen Witwen. Die Stadtmauer war ein geschlossenes Rund, die Steinquader mindestens zwei Mann hoch aufgetürmt, durchbrochen von vier Stadttoren. An den beiden kleinen Flüssen Lauter und Lindach, die die Stadt im Westen und Norden durchfließen, waren für die Frauen Waschstellen angelegt.

Der königliche Assessor von Moser befand wohlwollend: »Das Aussehen der Stadt ist freundlich und sehr gefällig. Sie ist ringsum mit schönen, im Jahr 1755 angelegten, Linden- und Kastanien-Alleen und mit beträchtlichen Vorstädten umgeben.«

Natürlich wurde in den Küchen der Häuser über Feuer gekocht, wenn auch jedes Kind allerorten die Warnung vor einem neuen Stadtbrand zu hören bekam. Das Geschirr stand in offenen Regalen, Pfannen, Kessel und Töpfe hingen an Haken an der Wand.

Durch die zentrale Marktstraße lief ein Rinnsal, das genau genommen eine Kloake war, die bei Regenwetter zu einem kleinen Bach anschwellen konnte, voller Unrat und von beißendem Gestank. Viele Mitbürger entsorgten darin ihren Abfall und Dreck, insbesondere am frühen Morgen auch ihre Notdurft, mancher Nachttopf wurde dort hineingekippt.

Nicht nur die Arbeit, das ganze Leben war gehemmt und wurde einem verdorben von der Unmenge an Vorschriften und Verboten. Öffentliche Versammlungen waren untersagt, sich in Vereinen zu organisieren war schwierig und wurde von der Obrigkeit streng überwacht. Mitsprache im Gemeinderat, im Bürgerausschuss oder der Ständeversammlung, das alles waren nur »Scheinrechte«, wie viele Bürger zu Recht schimpften und klagten. Wenn etwas den Oberen nicht gefiel, etwa dem Oberamtmann, der so etwas wie der Stellvertreter des Königs im Bezirk war, dann wurde es verboten. Zu all dem ärgerten die Menschen sich über die die hohen Steuern, es gab unzählige Abgaben zu entrichten, so dass von jedem verdienten Gulden ein viel zu großer Teil in den Taschen der Obrigkeit landete, oft aber auch im Säckel eines korrupten Staatsdieners.

Wenn ich mir heute von hier aus, von der Warte eines freien amerikanischen Bürgers, die Zustände damals in Deutschland vorstelle, graut und schüttelt es mich. Wer sein eigener Herr sein wollte und nicht gewillt war, sich von so genannten Edelmännern, einem alten überkommenen Adel, und bräsigen Beamten alles vorschreiben zu lassen, der wurde ausgeschlossen, verfolgt, bestraft – und wenn er nicht aufpasste, *stante pede* ins Gefängnis geworfen.

Was in jener Zeit noch niemand ahnte: Bald würde es zu großen Unruhen kommen in ganz Deutschland, auch in meinem Heimatort Kirchheim unter Teck. Ende der 1840er-Jahre standen vielerorts brave Menschen gegen die bestehende Ordnung auf – und genau das sollte die große Zeit des Friedrich Tritschler werden! Mutig und hoffnungsvoll erhob er sich gegen das gemeine Gestern, rang für ein Morgen voller Hoffnungen, setzte er sich für Freiheit, Demokratie und Gerechtigkeit ein. Es sollte der Kampf seines Lebens werden!

Im kleinen Kirchheim war mir Friedrich Tritschler während meiner Kindheit und Jugend natürlich begegnet, auch unsere Familien kannten sich; ich sah Friedrich auf der Straße, am Rande von Festlichkeiten oder auch im Gottesdienst. Befreundet waren wir jedoch nicht, er war ja knapp zehn Jahre älter als ich; der Altersunterschied war zu groß, um gemeinsam in den Straßen oder auf den Feldern zu spielen.

An seinem selbstlosen Kampf konnte ich Jahre später dann nur aus der Ferne teilhaben, versorgt mit Informationen über den Atlantik hinweg. Verwandte und Bekannte, die zu Besuch bei mir in den Staaten waren, erzählten von ihm, in manchen Briefen wurde über ihn berichtet und im Kirchheimer »Amt- und Intelligenzblatt« über ihn geschrieben; bedauerlicherweise traf das Blatt meist erst mit Monaten Verspätung bei mir ein.

Ich selbst wanderte bereits 1841 in die Vereinigten Staaten aus. Zuerst zog ich nach New York, dann in die Stadt Buffalo am Eriesee, im Nordosten des Landes, direkt an der Grenze zu Kanada. Von dort aus sollte ich mein Glück machen und zu einem der großen Wirtschaftsmagnaten des Landes aufsteigen, es sei mir erlaubt, dies zu sagen, da es der Wahrheit entspricht. In Buffalo, wo ich bis heute lebe, sollte ich Friedrich Tritschler und seiner Frau dann auch persönlich wieder begegnen.

Ich will an dieser Stelle eines nicht verhehlen: Ob ich Friedrich Tritschler bei seinem Freiheitskampf unterstützt hätte, wenn ich in Kirchheim geblieben wäre, ob ich wie er auf dem Marktplatz gegen die Obrigkeit gewettert und am Schluss gar zum bewaffneten Kampf aufgerufen hätte – ich weiß es nicht. Sicher sympathisierte ich damals mit den Ideen der Freiheit, doch niemand kann Jahrzehnte später, nach einem gescheiterten Aufstand, sagen, wie er sich im Moment der Gefahr verhalten hätte, auch ich nicht. Ich war 1848 schon seit sechs Jahren in den Vereinigten Staaten und ein erfolgreicher Geschäftsmann.

Eines aber wissen wir heute: Friedrich Tritschler hat den Kampf aufgenommen, kühn und entschlossen.

7

Im Jahr 1841 reiste ich von Straßburg zurück ins heimische Kirchheim. König Wilhelm I. von Württemberg feierte in diesem Jahr sein 25-jähriges Thronjubiläum, überall wurden Umzüge und Feste veranstaltet, salbungsvolle Ansprachen und feierliche Gottesdienste abgehalten.

Neben dem Gerberhandwerk hatte ich in Frankreich nun auch den einen oder anderen Winkelzug des Geschäftslebens kennengelernt. Und mir war vollkommen klargeworden: Um mehr zu verdienen als nur das fürs Überleben Nötige, um ein erfülltes Leben führen und einer Familie ein gutes Zuhause bieten zu können, reichte es nicht, ein anständiger, aber kleiner Gerber und Handwerker zu sein.

Nein, mindestens so bedeutend war es, geschäftlich geschickt und gewandt zu agieren. Man musste seine Felle kaufen, wenn sie gerade günstig waren, und das Leder verkaufen, wenn die Preise hoch waren. Man musste neue Produktionsmethoden einsetzen, um die Herstellungskosten zu senken, und man musste schneller liefern als die Konkurrenz. War mehr zu verdienen mit einfachem oder mit hochwertigem Leder? Was wollten die Kunden mit dem Leder produzieren – Schuhe, Mäntel oder Zelte? Welche Artikel waren gefragt?

Ich dachte weit voraus: Würden mehrere kleine Werkstätten an verschiedenen Orten einen höheren Gewinn bringen, weil man nahe bei den Kunden wäre und nur geringe Transportkosten anfielen? Oder wäre ein möglichst großer Betrieb wirtschaftlicher, mit dem man an einem Ort in gewaltigen Mengen Waren produzieren könnte?

Ich hatte mich jedenfalls entschieden: Ich wollte mehr schaffen, mehr erreichen, beweisen, dass ich mindestens so erfolgreich sein konnte wie mein Vater, der es ja zu einem angesehenen Bürger unserer Heimatstadt gebracht hatte. Wobei, um ehrlich zu sein, ich wollte noch erfolgreicher sein als er. Die Kraft war da, ich fühlte den Willen in mir!

Im kleinen Kirchheim unter Teck am Rande der Schwäbischen Alb sah ich allerdings keine Zukunft für mich. Den Betrieb meines Vaters würde ich nicht übernehmen können, ich würde bei null anfangen müssen. All die hinderlichen Vorschriften und Regularien durch das Land, die Stadt, die Zünfte, die engen Grenzen Württembergs – ach, ich hätte mich im Alltag aufgerieben und wäre doch nur ein kleiner Wurm geblieben. So sah ich meine Lage damals, und ich hatte sicher recht.

Schon während meiner Zeit in Straßburg hatte ich

ja immer wieder darüber nachgedacht auszuwandern, nach Amerika, in das Land, über das so viele verheißungsvolle Geschichten kursierten. Im Sommer 1841 war meine Entscheidung dann gereift, nach langem Hin und Her hatte ich mich festgelegt: Ich wollte sie riskieren, die gefahrvolle Reise über den Atlantik, und einen Neubeginn wagen in diesem fremden Land. Jawohl, ich wollte mein Glück suchen in den Vereinigten Staaten von Amerika!

Manche Nacht traktierten mich die Sorgen, ich drehte mich schlaflos auf meinem Lager von links nach rechts. Doch dann fragte ich mich stets: Was habe ich zu verlieren, wenn die Zukunft in meiner Heimat doch so grau und dunkel ist? Nichts, einfach gar nichts.

Im November 1841 bestieg ich, aufgeregt wie nie zuvor in meinem Leben, in Le Havre in Frankreich ein Segelschiff und verließ mit der Flut den europäischen Kontinent; versehen mit den besten Wünschen meiner Familie, gestützt und getragen vom Gottvertrauen. Es war, ich will es nicht bestreiten, ein bedrückendes, mir den Atem abschnürendes Gefühl: Was würde mich in der Neuen Welt erwarten? Würde es mir wirklich gelingen, dort mein Glück zu finden? Und würde ich meine doch so geliebte Heimat in Deutschland jemals wiedersehen?

Die anstrengende Überfahrt dauerte rund sieben Wochen. Erschöpft, aber Gott sei Dank gesund und voller Zuversicht kam ich im Januar 1842 im Hafen von New York an, dort, wo die meisten europäischen Einwanderer eintrafen. Die Stadt am Hudson, die damals rund 400 000 Einwohner beherbergte, erschien mir riesig, kolossal. Das Gewusel der Menschen, das Gewirr der Sprachen und Nationalitäten, die mir unbekannten Sitten, all das drohte mich in den ersten Tagen zu erschlagen. Dennoch, ich fand mich schnell zurecht, was blieb mir auch anderes übrig?

Die meisten deutschen Einwanderer lebten in »Little Germany« in der Lower East Side, in diesem Viertel gab es deutsche Gesangsvereine, deutschsprachige Clubs, deutsche Handwerkervereinigungen; natürlich fanden sich auch deutsche Bäcker, Metzger und Lebensmittelhändler. So erinnerte doch manches in der Neuen Welt an die Alte, und machte es einem Neuling wie mir leichter sich einzugewöhnen.

Innerhalb nur weniger Tage ergatterte ich eine Anstellung in einer Gerberei, meine gute Ausbildung zuhause und meine Zeit als Lederhändler zahlten sich aus, was mich sehr freute. Ich verfügte also über ein regelmäßiges Einkommen, konnte mir eine saubere Unterkunft leisten, hatte ein erträgliches Auskommen.

Im Alltag erkannte ich allerdings schnell, dass ich nur vorankommen würde, wenn ich gut Englisch sprechen könnte. So lernte ich nicht nur während der Arbeit im Kontakt mit den anderen Angestellten und den Kunden, sondern ich bemühte mich in jedem freien Moment, die fremden Vokabeln und die mir unbekannte Grammatik zu verstehen und zu memorieren.

Außerdem wurde mir im Nu klar, dass die vielen tausend Menschen, die den amerikanischen Kontinent Tag für Tag eroberten und nach Westen zogen, die Familien gründeten, Ländereien urbar machten, neue Dörfer und ganze Städte errichteten, die Geschäfte und Fabriken bauten, dass diese Menschen so Vieles brauchten – vor allem auch aus Leder! Jacken, Hosen, Schuhe, Hüte, Taschen, Koffer, Riemen, Pferdegeschirr und Zelte, alles war aus Leder. Es schien mir außer Zweifel, dass die Geschäfte in meinem Gewerbe in den folgenden Jahren erheblich wachsen würden und die Lederherstellung exzellente wirtschaftliche Perspektiven bieten konnte. Ich glaubte, eine goldene Zukunft vor mir zu sehen.

Somit lag natürlich ein Gedanke nahe – mich selbständig zu machen. Warum sollte ich für andere arbeiten, wenn ich auch in die eigene Tasche wirtschaften konnte? Warum sollte jemand mit meiner Arbeit Profit machen? Doch wie sollte ich das bewerkstelligen? Wo konnte ich einen guten Platz für meinen Start als Unternehmer finden? Oder waren meine verheißungsvollen Pläne nur leere Tagträume?

8

Anfang des Jahres 1844 reiste ich mehrere Wochen durch den Mittleren Westen, um herauszufinden, wo die besten Verkehrswege liefen, welche Städte die maßgeblichen Knotenpunkte für Händler und Gewerbetreibende waren, welche Gemeinden rasch größer wurden und prosperierten. Wo fehlten noch Handwerker, wo arbeiteten bereits genügend? Ich wollte den Ort finden, an dem es am vielversprechendsten war, sich niederzulassen und ein Unternehmen zu gründen.

Zu dieser Zeit schrieb ich in einem Brief in die alte Heimat: »In diesem unermesslichen Land, welches sich vom heißen Süden bis in den kalten Norden erstreckt, und in allen Richtungen von Flüssen, Seen, Kanälen, Eisenbahnen durchbrochen ist, und wo eine Reise von 600 Stunden Wegs nicht mehr heißt, als eine Reise von Kirchheim nach Stuttgart, ist noch viel Platz für arme, von Hunger und Kummer gedrückte Menschen.«

Ja, insbesondere in den Staaten des Mittleren Westens, so war mein Eindruck, gab es alles im Übermaß: »Junge, starke, arbeitsame Leute, mit etwas Vermögen, die den Ackerbau oder ein Gewerbe verstehen, können sich hier mit Erfolg niederlassen.« So stand es in einem Auswanderer-Handbuch, und das stimmte. Nachdem ich viel erlebt und manche Idee abgewogen hatte, entschied ich mich für die Stadt Buffalo, gelegen rund 300 Meilen, also etwa 480 Kilometer, nordwestlich von New York an der nordöstlichen Spitze des Eriesees. Das für mich Verheißungsvolle an der Stadt, die damals rund 30 000 Einwohner hatte, war ihre Lage: Ihr Hafen war Ausgangs- und Endpunkt vieler Schiffslinien auf den fünf Großen Seen an der Grenze zwischen den USA und Kanada; Abertausende von Auswanderern auf dem Weg nach Westen wählten die Route über Buffalo für ihren Treck; für vielerlei Waren war die Stadt ein zentraler Handelspunkt auf dem Weg nach Westen.

Hinzu kam der 1825 eingeweihte Eriekanal, der über 320 Meilen, was rund 500 Kilometern entspricht, den Eriesee mit dem Hudson River in New York verbindet und damit die Gründungsstaaten des Landes am Atlantik über die Großen Seen mit den damals noch unerschlossenen Weiten des Westens. Der Kanal war der zentrale Verkehrsweg, um Waren von der Atlantikküste in die Bundesstaaten Ohio, Michigan, Illinois, Indiana und die noch weitgehend unbekannten westlichen Gebiete zu transportieren, natürlich auch nach Kanada. Erst strömten die Siedler westwärts, dann folgten die Waren, die sie benötigten.

In umgekehrter Richtung, nach Osten, wurden Korn und viele andere landwirtschaftliche Produkte verschifft, die in den rasant wachsenden Städten an der Atlantikküste und auch auf den Märkten in Europa gefragt waren.

In Buffalo wurden bereits damals jeden Tag große Mengen an Weizen und Mehl, aber auch Rinder und Schweine umgeschlagen. Überlandkutschen verkehrten täglich im Linienverkehr in den Ort Niagara Falls direkt an der kanadischen Grenze und bis ins über 300 Meilen entfernte Albany; die Dampfschiffe auf dem Eriekanal fuhren ihre Strecken ebenfalls nach festem Fahrplan.

Buffalo, das war mein Ort! Wenn es mir gelingen sollte, mich als Gerber und Lederhändler erfolgreich selbständig zu machen, dann waren hier die Voraussetzungen am besten, davon war ich überzeugt: Es gab jede Menge potentieller Kunden, gute Voraussetzungen für den Handel in alle Himmelsrichtungen, und in der direkten Umgebung, im Erie County, war zudem die Schafszucht weit verbreitet, wodurch immer genügend Tierhäute zum Ankauf standen. Es schien alles bestens.

Heute denke ich manchmal, dass Friedrich Tritschler, wäre er damals schon in die USA gekommen, es vielleicht leichter gehabt hätte. Wenn er sich in seinem politischen Kampf noch nicht so erschöpft gehabt hätte, wenn er freiwillig und nicht gezwungenermaßen hierhergekommen wäre. Aber natürlich sind solche Mutmaßungen müßig.

Ich habe jedenfalls 1844 in der Mohawk Street Nummer 20 in Buffalo ein Ledergeschäft gekauft, das ich »Schoellkopf Jacob F. – leather and finding store« nannte. Ich hatte ein wenig Geld beiseitegelegt; von meinem Vater habe ich dafür außerdem einen Kredit über 800 Gulden erhalten, es sei ihm noch heute gedankt.

Dieses zu Anfang kleine Geschäft sollte die Keimzelle all meiner weiteren Firmen und Unternehmen werden, von hier aus sollte ich mich Schritt für Schritt im gesamten Mittleren Westen ausbreiten und heute, gut vierzig Jahre später, Besitzer eines in den ganzen Vereinigten Staaten bekannten Wirtschaftsimperiums sein.

Mich in Buffalo niederzulassen und dort mein eigenes Geschäft zu eröffnen, das war eine der klügsten und auch folgenreichsten Entscheidungen meines Lebens.

Wie viel habe ich doch dieser Stadt und diesem Land zu verdanken!

9

Das äußerlich Auffälligste an Friedrich Tritschler war sicherlich sein Bart, der jedem Betrachter sofort ins Auge fiel: ein feiner, etwa zwei Finger breiter Bartstreifen, unterhalb der Backen und des Kinns, sauber gezirkelt von einem Ohr zum anderen. Er erinnerte an den Riemen eines Militärhelms. Darüber, an Backen, Kinn und Oberlippe, war Friedrich stets auf das Sauberste glattrasiert.

Sein Blick war neugierig, mitfühlend; sein Gesichtsausdruck meist ernst. Sein Haarschopf hatte früh seine Fülle verloren, breite Geheimratsecken zogen sich von der Stirn nach hinten, über den Ohren kräuselten sich hingegen kleine Locken. Seine Hände waren von der harten Arbeit rau, sein Handschlag fest. Friedrich war, jenseits seiner Werkstatt, stets sorgfältig gekleidet, allerdings nie extravagant, er fiel äußerlich nie aus dem Rahmen.

Alles in allem machte er einen entschiedenen Eindruck, vielleicht ein wenig getrieben, ein Mann, der wusste, was er wollte, aber auch erkannte, dass das nur schwer zu erreichen war. Er war kein Hüne, eher von durchschnittlicher Statur, aber er war immer rege, von morgens bis spät abends »schaffig«, wie es in Schwaben heißt – und das war er nicht nur als Handwerker, sondern auch im gesellschaftlichen Leben.

Sprach er mit jemandem, war er aufmerksam, er konnte gut zuhören – wobei er keinem Disput aus dem Weg ging, mochten die Meinungen auch noch so verschieden sein. Ob es sich um die Arbeit, Politik oder die Kultur drehte, er vertrat seine Meinung stets mit Verve, er sagte, was er dachte, ehrlich und entschieden. In einer Debatte Rücksichten zu nehmen, das war nicht seine Sache.

Seine größte Stärke aber lag zweifellos im mündlichen Vortrag, im Meinungsstreit, in seiner Wortgewalt; er konnte so mitreißend reden, dass jeder seiner Zuhörer am Ende überzeugt war, schon immer seiner Meinung gewesen zu sein. Im Kirchheimer »Amts- und Intelligenzblatt« schrieb ein Kommentator später einmal über ihn und sein ausgeprägtes Können als Rhetoriker: »Mit dem Schwung seiner Beredsamkeit reißt er alle Zuhörer dahin, mit dem Feuer seiner Worte entzündet er alle Gemüter. Ich weiß oft wirklich nicht, woher er seine Worte nimmt; mit dieser Gabe hat er schon manchen betört.«

Friedrich Tritschler war zudem ein über alles tugendhafter und moralischer Mensch, anders habe ich ihn nie erlebt, mit einem feinen Gespür für jedwedes Unrecht. Sein erklärtes Ziel war es, dass es den Menschen bessergehen sollte; insbesondere dass die, die arm waren und nichts zu sagen hatten, eine Stimme bekamen. Aus seiner Warte war das Leben, so wie es sich darstellte, nicht gerecht, und schuld daran waren die Herrschenden, die stets nach ihrem eigenen Vorteil handelten und nicht bereit waren, von ihrer Macht nur den geringsten Teil abzugeben. Friedrich wollte mehr Freiheit und mehr Rechte für jeden einzelnen, in Kirchheim unter Teck, in Württemberg, in Deutschland. Er war ein überzeugter Demokrat und Republikaner – und damit ein Revolutionär.

Der gleiche Journalist, der im Kirchheimer Lokalblatt Tritschlers Gabe als Redner bewundert hatte, schrieb über ihn: Er sei »ein Streiter und Rechthaber ohne Gleichen. Für die ganze Welt will er sorgen«. Und: »Kein Zweifel, er ist ehrlich und meint's gut, aber was will er durchführen, er, der ja nichts gelernt hat, als wie man Seife und Lichter macht.«

Aus diesem Misstrauen klang der althergebrachte Glaube, dass nur die Oberen wüssten, was für die Menschen und das Land gut sei, und ein Mann aus dem Volke wie Friedrich Tritschler, möge er noch so idealistisch sein, keinerlei Sachverstand habe und nichts Gewichtiges in der Welt der Politik und Ökonomie beizutragen habe. Selbstredend ging es den Oberen vor allem darum, die Macht für sich allein zu erhalten.

Dabei habe ich in meinen mehr als vier Jahrzehnten in den Vereinigten Staaten immer wieder aufs

Neue erlebt, wie wenig die Herkunft oder der Titel eines Mannes darüber aussagt, was er kann und was er taugt. Friedrich haderte seit seiner Jugend damit, dass er nicht viel ändern, nicht mitbestimmen konnte.

Politisch aktiv war Friedrich Tritschler bereits ein Jahrzehnt vor der Revolution von 1848/49. Von 1839 bis 1845 saß er im Bürgerausschuss der Stadt Kirchheim, einer dem Gemeinderat zur Seite gestellten zweiten Kammer, von 1845 bis 1847 war er Stadtrat; wobei die Mitglieder dieser Gremien kaum etwas zu sagen hatten, sie waren Staffage, ihr Einfluss war minimal. Friedrich Tritschler zeigte sich in einer von ihm selbst geschalteten Anzeige im »Amts- und Intelligenzblatt« von seinem Dienst als Stadtrat denn auch sehr enttäuscht: »Mein Amt als Stadtrat auf zwei Jahre ist nun gottlob zu Ende; ich bitte meine Mitbürger mich nicht mehr zu wählen, da es ja an tüchtigen Kandidaten nicht fehlt und ein öffentliches Amt nicht für meine Person taugt.«

Lange hat Friedrich sich von seinem politischen Katzenjammer jedoch nicht entmutigen lassen, wenn man bedenkt, dass er nur rund ein Jahr später, im Frühjahr 1848, zum einflussreichsten Demokraten und gewichtigsten Rebellenführer in Kirchheim aufstieg. Keiner sollte die Bürger so mitreißen und begeistern können wie er, in engen Wirtshäusern genauso wie auf großen Versammlungen. Er wollte die Fürsten, all die Herrschenden, von ihren goldenen Thronen stoßen, er wollte nicht mehr und nicht weniger als eine Revolution.

Das Leben selbst kennt ja weder Gerechtigkeit noch Gnade, dafür muss schon der Mensch sorgen, das war wohl seine Überzeugung.

10

In den 1840er-Jahren kam für die mehr oder weniger Besitzlosen zunehmend der Begriff »Proletariat« in Mode, Zeichen einer neuen Zeit. 1844 erhoben sich in Schlesien die Leinenweber, weil die Arbeiter ihre Familien nicht mehr ernähren konnten, obwohl sie 14 Stunden jeden Tag webten, und obwohl sogar ihre Kinder schufteten. Es kam zu Plünderungen und Vandalismus. Der Aufstand wurde jedoch vom preußischen Militär schnell niedergeworfen.

Es sei mir gestattet, als erfahrener Unternehmer dazu zu sagen: Natürlich sollen und müssen Arbeiter hart arbeiten, ja, und dass nicht jeder einzelne Reichtum anhäufen kann, halte ich für der Natur entsprechend und nicht zu tadeln. Doch jeder Mensch, der tüchtig und ehrlich zulangt, der redlich seine Arbeit verrichtet, der sollte sich selbst und seine Familie, so er denn eine hat, ernähren können; das steht einem jeden zu.

Hat nicht der Philosoph Arthur Schopenhauer zurecht geschimpft: »Im Alter von fünf Jahren eintreten in die Garnspinnerei oder sonstige Fabrik und von da an erst zehn, dann zwölf, endlich vierzehn

Stunden täglich darin sitzen und dieselbe mechanische Arbeit verrichten, heißt das Vergnügen, Atem zu holen, teuer erkaufen.« Dass die Menschen solch Leid nicht auf Dauer klaglos ertrugen, wer wollte es ihnen verdenken.

In den Jahren 1846 und 1847 ereigneten sich – wie schon 1816/17 – in Württemberg schwere Missernten, auch in Kirchheim und seiner Umgebung: Der Getreideertrag war miserabel, die Kartoffelernte wurde durch die so genannte Kartoffelfäule, eine Pilzerkrankung der Pflanzen, fast vollständig vernichtet. In diesen Hungerjahren machten Scharen von Bettlern, die sich aus Verzweiflung schnell in Diebe und Räuber verwandeln konnten, die Straßen unsicher.

Im Frühjahr 1847 brachen Hungerkrawalle aus, unter anderem in den Städten Stuttgart, Ulm und Tübingen. Häuser von Müllern, Bäckern und Geschäftsleuten, die als Preistreiber und Wucherer verschrien waren, wurden geplündert. Auch in Kirchheim kam es zu Unruhen, wurden Lebensmittelhändler bedroht. Das städtische Kornhaus lag nur rund 100 Meter vom Rathaus entfernt, mitten in der Stadt, und musste bewacht werden. Die so genannte Bürgerschutzwache, sie zählte angeblich etwa 200 Mitglieder, schützte auf den Märkten die Händler vor Übergriffen und patrouillierte nachts durch die Straßen.

Im Februar des Jahres, so finde ich es zumindest in meinen Schriftstücken, wurde in Kirchheim von einigen Wohlhabenden der »Armen-Unterstützungs-Verein« gegründet. Dieser sollte Hilfe gewähren »in der gegenwärtigen Zeit schwerer Not«, in der »täglich Hunderte von Armen ihre Hand ausstrecken, um ein Almosen zu empfangen«, wie damals das Lokalblatt notierte. Im Juni 1847 mussten fast 300 Familien mit Nahrungsmitteln unterstützt werden.

Daneben ließ die Stadtverwaltung die Bedürftigen gegen ein geringes Entgelt klöppeln und nähen, damit sie wenigstens ein kleines Einkommen hatten. Die Gemeinde verteilte verbilligtes Brot und bezuschusste Mehl, um zu verhindern, dass einzelne Einwohner hungerten. Brot, wenn es ging mit ein wenig Schmalz oder sogar Butter, häufig aber nur nackt, war das vorherrschende Nahrungsmittel, das oft morgens, mittags und abends auf den Tisch kam. Zu trinken gab es für die einfachen Leute Wasser und ab und an Bier, für die Vornehmen Wasser und Wein.

Die darbenden Armen waren auf die Gnade der Wohlhabenden und Mächtigen angewiesen – einen Weg, ihr Schicksal in die eigene Hand nehmen zu können, wollten die Oberen ihnen nicht zugestehen. Der meist reichliche Kindersegen erwies sich in solchen Hungerjahren als Tragödie. So schuf das Elend vieler Familien und die sich daraus ergebenden sozialen Spannungen den besten Nährboden für den bevorstehenden Aufruhr. Die Mehrheit der Menschen hatte Angst um ihre nackte Existenz, um sich und ihre Kinder, Angst vor der Zukunft, vor jedem nächsten Tag. Viele Menschen hatten nichts mehr zu verlieren.

Im September des Jahres 1847 kam es nur gut 100 Kilometer westlich von Kirchheim zu einem folgenschweren Treffen, über das schnell auch in Kirchheim viel erzählt wurde. Diese politische Versammlung war für die Unzufriedenen Mut und Ansporn, sie rüttelte die Gegner der Adelsherrschaft auf und stachelte all diejenigen an, die eine andere Politik herbeisehnten: Am 12. September 1847 hatten sich im badischen Offenburg in einem Wirtshaus namens »Salmen« fast 900 Widerständler getroffen, darunter Anwälte und Professoren, Handwerker und Fuhrleute, Bauernknechte und Dienstboten.

Es waren sowohl Demokraten, die auf friedlichem Weg eine Republik erzwingen wollten, als auch Revolutionäre, die vorhatten, gewaltsam die herrschende Ordnung zu stürzen. Auch Patrioten, die ein geeintes Deutschland herbeisehnten, waren darunter.

Im großen Speisesaal des Lokals wurde auf die Obrigkeit geschimpft, gegen Reiche und Fabrikbesitzer gehetzt, der allgegenwärtigen Polizei der Kampf angesagt, vor allem aber forderten die Teilnehmer, dass das Volk von nun an sich selbst regieren solle. Der Rechtsanwalt Gustav von Struve, an diesem Tag noch ein weitgehend unbekannter Anwalt, der aber bald einer der bekanntesten Revolutionäre im

Herzogtum Baden werden und später im Amerikanischen Bürgerkrieg kämpfen sollte, sagte sich von seiner aristokratischen Herkunft los und rief: »Die Zeit des Adels ist vorbei!«

In einem Manifest wurden die »Forderungen des Volkes« zusammengefasst: Ende der Polizeiwillkür, Versammlungsfreiheit, Pressefreiheit, Glaubensfreiheit, persönliche Freiheit für jeden einzelnen, Abschaffung aller Vorrechte des Adels, dazu ein nationales Parlament aller deutschen Staaten. Das Manifest verbreitete sich rasend schnell über die Grenzen Offenburgs hinweg und seine Postulate der Freiheit – in meiner neuen Heimat, den Vereinigten Staaten, damals längst verwirklicht – sollten bald in aller Munde sein, auch in der württembergischen Provinz in Kirchheim unter Teck.

11

Vielleicht wird sich manch ein Leser fragen, wie ich über die damaligen Ereignisse in Deutschland und Kirchheim so kundig sein kann, da ich Württemberg doch bereits Ende 1841 verlassen hatte. Ja, ich war in den 1840er-Jahren bereits weit weg von meiner heimischen Scholle, jenseits des Atlantiks, doch von den Nachrichten aus der Heimat war ich nicht abgeschnitten.

Ich pflegte regen Briefkontakt zu meinen Eltern, meinen Geschwistern und auch zu Geschäftspartnern; oft waren diesen Schreiben Zeitungsausschnitte oder auch politische Flugblätter und Flugschriften beigefügt. In Buffalo traf ich zudem ständig Deutsche, die ebenfalls in die Staaten ausgewandert waren und mir Neuigkeiten aller Art sowie ihre Erlebnisse aus den unruhigen Zeiten in der Heimat berichteten.

In den Jahren danach, im Grunde bis heute, habe ich Dokumente und Bücher zusammengetragen über das gescheiterte Bemühen, die deutschen Lande tiefgreifend zu erneuern und dort eine Demokratie zu schaffen. So glaube ich, ein der Wirklichkeit sehr nahekommendes Bildnis der Zeit um 1848 entwerfen zu können, von meinen persönlichen Vorlieben nur am Rande beeinflusst. Es läge mir auch fern, heute, fast fünf Jahrzehnte später, die hehre Wahrheit zu verfälschen oder gar zu verleugnen.

Während in Deutschland und anderen Ländern Europas 1848 vielerorts die Revolutionsgesänge erklangen, und für die Freiheit verschworene Kräfte die muffige Obrigkeit der alten Geschlechter bedrängten, galt mein Hauptaugenmerk in der Neuen Welt zuallererst meinem wirtschaftlichen Vorankommen, meiner noch fragilen Zukunft.

Mein Ledergeschäft in der Mohawk Street in Buffalo lief jedenfalls vom ersten Tage an prächtig, es war ein guter Kauf gewesen, wie sich – Gott sei Dank – erwies. Nur wenige Monate später erwarb ich eine kleine Gerberei in einer bescheidenen Ortschaft namens White's Corners, nur wenige Meilen entfernt. Auch dieser Betrieb brachte mir von Anfang an gutes Geld, ein Glück, so dass ich den Kredit in Höhe von rund 1 200 Dollar, den ich dafür aufgenommen hatte, zügig zurückzahlen konnte.

Im Jahr 1846 folgte ein weiterer gewaltiger geschäftlicher Schritt nach vorne. Als noch sehr junger Unternehmer traf ich eine höchst zukunftsträchtige Entscheidung: Ich erwarb in Buffalo in der Mississippi-Street eine Schaffell-Gerberei. Im Laufe der folgenden Jahre sollte es mir gelingen, diesen Betrieb zur größten Schaffell-Gerberei in den ganzen

Vereinigten Staaten auszubauen. Der Betrieb war für lange Zeit der Mittelpunkt meines rasant wachsenden Wirtschaftsimperiums.

Die Arbeit in meinen nun drei Betrieben drohte mir bald über den Kopf zu wachsen, trotz ununterbrochenen Einsatzes war es mir kaum mehr möglich, an den drei Standorten so ausreichend nach dem Rechten zu sehen, wie es notwendig gewesen wäre. Damals schrieb ich in einem Brief an meinen Vater: »Bald ist da was los, bald dort. Da darf man nicht den Herrn spielen, da geht es von Morgen bis Abend. Oft trugen mich kaum meine Glieder mehr am Abend.«

Für meine Angestellten galt die Arbeitszeit von morgens um sechs Uhr bis mittags um zwölf und von mittags ein Uhr bis abends um sechs; zum Anfang und zum Ende schrillte jeweils eine Glocke. So war das damals üblich. Ich selbst saß auch an den Abenden meist noch über Geschäftspapiere gebeugt. In einem Vetter, der aus Schwaben nach Buffalo kam, fand ich eine ebenso tüchtige wie zuverlässige Hilfe bei der Leitung meiner Geschäfte.

Wie konnte es mir gelingen, so gut zu wirtschaften und meine Betriebe in so kurzer Zeit zum Erfolg zu führen? Was hatte ich anders angepackt als all die anderen hart arbeitenden Männer und jungen Burschen? Von Anfang an war mir bewusst, dass eiserne Disziplin, selbst mit einer gehörigen Portion Fortune, nicht ausreichten, um mehr Erfolg als andere zu erzielen. Es musste etwas hinzukommen: findiger Geschäftssinn und die Bereitschaft, die voranschreitende Technik zu nutzen.

So kaufte ich 1847 Waldgebiete, um eigene Baumbestände für meine Gerbereien zu haben. Die Menge an Rinde und Holz, die ich benötigte, um die Gerbflüssigkeit, die Lohe, herzustellen, wuchs stetig. Daneben erwarb ich meine erste Dampfmaschine, um mehr und schneller produzieren zu können.

Später führte ich ein besonderes Verfahren zur Schnellgerbung ein, wodurch die Tierhäute bereits nach drei bis vier Monaten gegerbt waren – und nicht erst nach ein bis zwei Jahren, wie bis dahin üblich. Die Häute wurden in der Gerbbrühe maschinell ständig hin und her bewegt und mehrmals zwischen schweren Walzen ausgepresst, so dass sie immer wieder frische Brühe aufsaugen konnten. Das war eine Neuerung, die viele meiner Konkurrenten erst Jahre später einführten.

Bald sah ich geschäftliche Chancen weit entfernt von Buffalo und dehnte meine Aktivitäten in Richtung Westen aus: Ich errichtete, gemeinsam mit Partnern, Gerbereien in verschiedenen Städten in den Bundesstaaten Milwaukee und Wisconsin, eine in Chicago in Illinois, eine in Fort Wayne in Indiana, eine weitere in North Evans im Staat New York. Dies alles geschah in den wenigen Jahren zwischen 1848 und 1854, in einer Geschwindigkeit, die mich heute, im Rückblick, noch immer überrascht. Dabei wurden in Buffalo überwiegend Schaffelle verarbeitet, in den Gerbereien weiter im Westen waren es hingegen viele Rinderhäute, aber auch die von Büffeln.

Meist war mein Vetter an diesen Unternehmungen beteiligt, wofür ich ihm bis heute dankbar bin. Er ließ sich später in Milwaukee nieder und wurde mit den Jahren ein fast ähnlich erfolgreicher Industrieller wie ich. Familienbande habe ich stets geschätzt, auf Blutsverwandte ist meist mehr Verlass als auf fremde Menschen, dies hat mir mein langes Leben immer wieder gezeigt.

12

Müßiggang kannte ich in all meinen Jahren in Amerika nicht einen Tag, doch in meinem ersten Jahrzehnt hier waren die Anstrengungen besonders groß, es blieb keine Minute der Ruhe und des Innehaltens. Kaum liefen die Geschäfte auskömmlich, wollte ich schnellstens einen Vorsatz verwirklichen, der für mein Glück von großer Bedeutung war: Ich wollte heiraten.

Bereits vor meiner Auswanderung hatte ich mich mit Christiane Sophie Dürr verlobt. Sie war die Freundin einer meiner Schwestern, ein wahrhaft entzückendes Geschöpf, acht Jahre jünger als ich, ihr Vater Bäckermeister in Kirchheim. Nachdem ich fünf Jahre hier in Amerika allein gewesen war, meine Geschäfte erfolgreich liefen, und ich ihr ein gutes und sicheres Leben bieten konnte, bat ich sie 1847 nachzukommen. Welch ein Glück, sie zögerte nicht lange – am 12. März 1848 heirateten wir in Philadelphia!

Im Jahr darauf bezog ich mit ihr in Buffalo ein Haus in der Ellicot Street 137, das für die nächsten zehn Jahre unser Zuhause sein sollte. Ohne Blasiertheit, eher mit Freude will ich einige Worte aus einem Brief eines weitläufig Verwandten zitieren:

»Vetter Schöllkopf hat ein Haus dastehen, kein Graf in Deutschland hat ein solches.« Das Haus war rund 12 Meter breit und 42 Meter lang, wobei unsere späteren Häuser in der Franklin Street und dann in der vornehmen Delaware Avenue noch repräsentativer ausfallen sollten.

Christiane hat mir elf Kinder geschenkt, von denen allerdings – so war es Gottes Wille – nur sechs Söhne und eine Tochter das Kindesalter überstanden. Die Heilkunst der Ärzte und Apotheker ist doch begrenzt, und mancher Aderlass erscheint mir im Nachhinein zweifelhaft. Doch insbesondere mein Sohn Jakob Friedrich ist mir heute eine große Hilfe bei meinen Geschäften; wenn sich denn alles wohl entwickelt, wird er meine Unternehmen nach meinem Ableben weiterführen.

Buffalo war in den 1850er-Jahren eine geschätzte Stadt unter deutschen Auswanderern, so dass damals fast 40 Prozent der Einwohner aus Deutschland stammten, wozu sich noch Schweizer, Österreicher und Elsässer gesellten, die ja ebenfalls deutsch sprachen. So fühlte man sich nur wenig fremd. Ein großer Teil des Stadtzentrums, wozu auch ein Teil unserer Ellicot Street zählte, wurde gar »Deutschendörfchen« genannt. Deutsche Kultur und deutsche Traditionen waren allgegenwärtig: Es gab deutsche Brauereien mit Biergärten, deutsche Bäcker und Metzgereien, deutsche Kaufläden, es erschienen mehrere deutschsprachige

Zeitungen, »Der Weltbürger«, »Der Telegraph«, »Der Volksfreund« oder auch »Der Freie Demokrat«. Neben den Deutschen wohnten viele Iren und natürlich auch gebürtige Amerikaner in der Stadt.

Wie es nicht anders zu erwarten war, schlossen sich die in die Fremde gegangenen Deutschen in Vereinen zusammen. Ungefähr zu der Zeit, als ich ankam, wurde die »German Young Men's Association« gegründet, die deutsche Kultur und Literatur verbreiten wollte und dazu beitrug, dass die deutschen Neuankömmlinge die englische Sprache lernten. Denn wie wollte man es als Handwerker oder Händler zu etwas bringen, wenn man die Sprache des Landes, in dem man lebte, nicht beherrschte? 1844 wurde der Gesangverein »Liedertafel« ins Leben gerufen, dem ich früh beitrat und dessen Ehrenmitglied ich heute bin. Nicht zu vergessen gab es auch einen deutschen Turnverein, der sogar über eine eigene Turnhalle verfügte.

Selbstredend boten deutschsprachige Kirchengemeinden ihren Glaubensdienst an, protestantische wie katholische. Überhaupt gab es – und gibt es bis heute – in Buffalo Gotteshäuser verschiedener Konfessionen. Bereits im Jahr 1847 habe ich notiert: »Ich glaube, es ist kein Land, wo so viele Kirchen sind als hier; in dieser Stadt allein sind circa 30 Kirchen, und der Sonntag wird gefeiert als ein Ruhetag, wo man von Arbeiten, Verkaufen so wenig weiß, dass man sozusagen glauben möchte, alles sei ausgestorben.«

Meinen Entschluss auszuwandern habe ich bis zum heutigen Tag nie bereut, nicht mit einem Gedanken; schon sehr früh war mir bewusst, dass dies für mich die vollkommen richtige Entscheidung war. Über den Jahreswechsel 1852/53 reiste ich für mehrere Wochen zurück nach Kirchheim, um meine Eltern wiederzusehen, Geschwister und Verwandte zu besuchen und auch die eine oder andere geschäftliche Angelegenheit zu klären. Wie bei anderen Reisen in die alte Heimat überbrachte ich Briefe, Geschenke sowie Geldsendungen.

Es waren für mich bewegende Momente, nach so langer Zeit das erste Mal wieder deutschen Boden unter den Füßen zu haben, vor meinem Geburtshaus zu stehen und all die bekannten Menschen wiederzusehen, von denen ich manche in meinem Herzen so vermisst hatte. Diese kurze Rückkehr nach über einem Jahrzehnt ließ in mir allerdings nicht die geringsten Zweifel aufkommen in meinem Glauben an die USA. Einem Bekannten sagte ich damals: »Ein schönes Württemberg für einen reichen Privatmann, aber dann ist es aus.« Für die meisten Menschen in meiner Heimatstadt war das Leben nach wie vor grau und dunkel, oft eine Qual.

Für die ärmlichen Bauern, die kleinen Handwerker oder die mittellosen Tagelöhner boten Württemberg, aber auch die ganzen deutschen Lande keine positiven Aussichten, es zeigte sich nicht ein Streifen Licht am Horizont – zu arm, zu enggeistig, zu unfrei. Wer von unten kam und nach oben wollte, wer vorhatte, sich sein Glück zu erkämpfen, wer nicht bereit war, sich von alten Adelsgespenstern alles vorschreiben zu lassen, für den konnte es nur einen Weg geben – den Weg nach Amerika.

13

Nun habe ich zu viele Zeilen über mich selbst verfasst und Friedrich Tritschler etwas aus den Augen verloren, könnte der eine oder andere an dieser Stelle einwenden. Doch da Friedrich ja später in die Vereinigten Staaten auswandern sollte und sich in die hiesigen Verhältnisse einfügen musste, können Kenntnisse über das Leben hier in Nordamerika für den Leser durchaus von Interesse sein.

In Deutschland war die Lage zu Beginn des Jahres 1848 an vielen Orten angespannt und unruhig, Millionen Menschen waren gefangen in bitterem Elend und Not. Ein Schreiberling der »Hamburger Rundschau« notierte damals niedergeschlagen (der mir vorliegende Zeitungsausriss ist zerfleddert, aber noch zu entziffern): »An allen Straßenecken, auf allen Spaziergängen magere, zerlumpte Gestalten mit blassen Gesichtern, die meistenteils nicht einmal den Mut des Bettelns haben.«

Der Zündfunke aber, der die Revolution in Deutschland dann entfachte, kam aus Frankreich. Bei einem Aufstand in Paris am 21. Februar wurde der König hinweggefegt, die Aufständischen riefen flugs eine neue, die Zweite Republik aus. Die Wut auf den König entfacht hatte vor allem das Zensuswahlrecht, das den Adel rücksichtslos begünstigte und dem wachsenden Bürgertum Einfluss bei der Gesetzgebung weitgehend verwehrte. Die Bürger wollten aber endlich etwas zu sagen haben!

Die Nachricht vom Sturz des französischen Königs sorgte auch in Deutschland vielerorts für Begeisterung, setzte die schon länger rumorenden politischen Kräfte frei und ließ einen wahren revolutionären Furor über die Menschen kommen. Bereits Ende Februar, nur wenige Tage nach der Revolte von Paris, kam es zu einer Volksversammlung in Mannheim im Großherzogtum Baden, bei der sich rund 3 000 Menschen zusammenrotteten.

In einer Petition verlangten die aufgebrachten Bürger Pressefreiheit, eine faire Justiz mit unabhängigen Gerichten und die Volksbewaffnung. Bürgerwehren sollten die Macht der Fürsten brechen, indem sie die stehenden Heere der Herrscher ersetzten. Ohne die jederzeit einsetzbaren Heere wären die Unterdrückungsapparate der Obrigkeit zahnlos, so die Hoffnung der Aufständischen.

Bei einer Versammlung liberaler Aktivisten in Heidelberg wurde dann erstmals der Ruf nach einer Nationalversammlung laut, die eine Verfassung für ganz Deutschland ausarbeiten sollte; der Gedanke eines einheitlichen Deutschlands kam ins Spiel.

Nur wenige Tage später zogen 20000 Menschen nach Karlsruhe in die badische Landeshauptstadt und präsentieren dort ähnliche Forderungen. Auf dem Land vereinigten sich Bauern und stürmten Ämter; Beamte wurden verprügelt, Aktenberge gingen in Flammen auf, Schlösser und Adelssitze wurden geplündert. Die Landwirte wollten ihre noch aus dem Mittelalter stammende Abhängigkeit vom in ihren Augen faulen und nichtsnutzigen Adel abschütteln.

Mannheim, Heidelberg, Karlsruhe, die Orte liegen nicht wirklich weit weg von Kirchheim – im Nachbarstaat, dem Großherzogtum Baden, gerade einmal rund 150 beziehungsweise 100 Kilometer entfernt.

Und plötzlich erschallen die Rufe nach Freiheit und Mitsprache überall im Deutschen Bund. In München kam es zu Straßenkämpfen, auch in Wien zu einem Aufstand, dort musste Kanzler Metternich überstürzt fliehen. Die Revolte griff immer weiter um sich.

Mitte März erhoben sich Aufständische in Berlin, in Preußens Kapitale, gewaltsam gegen das Militär. Tausende junge Arbeiter, Studenten, aber auch Handwerker und Tagelöhner errichteten Barrikaden. Die meisten der Rebellen waren allerdings nur einfachst bewaffnet, mit Äxten, Mistgabeln, Messern und Knüppeln, die wenigsten hatten Schusswaffen. Der preußische König ließ rund 20 000 Soldaten gegen die Aufständischen vorgehen, die Militärs schossen die meist jungen Widerständler rücksichtslos zusammen, nicht nur mit Gewehren, auch mit Kanonen. Auf dem Pflaster Berlins starben an die 200 Revolutionäre.

Trotzdem, allerorten wichen die Herrschenden Stück für Stück zurück – nicht freiwillig, nur auf Druck, oft aber auch aus taktischen Gründen. Preußens König Friedrich Wilhelm IV. gerierte sich in einem Aufruf »An mein Volk und die deutsche Nation« urplötzlich als Patriot und verhieß vollmundig die Erfüllung der so genannten »Märzforderungen«. Welch eine Lüge war das doch!

Anfang April beschloß das »Frankfurter Vorparlament«, das im Grunde nicht mehr war als eine Versammlung von Honoratioren aus allen Regionen Deutschlands, in Absprache mit den Fürsten Wahlen für eine Nationalversammlung – wer hätte das nur wenige Wochen zuvor für möglich gehalten?

Und so geschah es tatsächlich: Am 1. Mai fanden die Wahlen zur deutschen Nationalversammlung statt – und dabei galt erstmals in der deutschen Geschichte das allgemeine Wahlrecht! Jeder Mann durfte abstimmen, unabhängig von Herkunft, Vermögen oder Einkünften. Für viele Bürger war das kaum fassbar: In Deutschland wurde zum ersten Mal demokratisch gewählt! Und die Abgeordneten sollten eine Verfassung für das Land erarbeiten, die demokratisch sein und jedem eine gleichberechtigte Mitsprache garantieren sollte. Es klang wie ein Wunder, ein Traum von Freiheit, zu fantastisch, um wahr zu sein.

Bereits am 18. Mai zogen unter Glockengeläut und tausendfachen Hochrufen der Bevölkerung, so stand es damals in den Zeitungen, 397 Abgeordnete aus allen deutschen Landen in die Frankfurter Paulskirche ein. Das Ziel der meisten: Die Herrschaft der Aristokraten abzuschütteln und eine neue, demokratische Verfassung zu beschließen, eine Verfassung der Freiheit und Einheit.

Wobei sich – das ist mir wichtig – in der Nationalversammlung schnell zwei Gruppen gegenüberstanden: Die einen, angeführt von Gustav Struve, dem badischen Revolutionär, forderten eine Republik nach amerikanischem Vorbild; die anderen, denen Heinrich von Gagern, ein Liberaler, vorsaß, setzten sich für eine konstitutionelle Monarchie ein. Dieser Zwist zwischen radikalen Demokraten und moderaten Liberalen sollte die Arbeit des Parlaments dauerhaft behindern. Unter den einfachen Bürgern waren die Liberalen in der Mehrheit, die Radikalen aber in der Minderheit. Das war damals schnell zu erkennen.

Doch die neu erwachten Hoffnungen auf Freiheit und Gerechtigkeit wurden sehr bald wieder enttäuscht. Rasch sollte sich erweisen, dass die herrschenden Fürsten und die ihnen ergebenen Militärs nicht im Geringsten bereit waren, auch nur einen Zipfel ihrer Macht abzugeben: Bürger, die mitentscheiden, die ihr Schicksal in die eigene Hand nehmen wollten, waren den Machthabern ein Gräuel. Der Kampf um die politische Zukunft in Deutschland war eröffnet, aber noch lange nicht entschieden.

Welchen Einfluss hatten all diese Ereignisse auf die württembergische Provinz, auf die schwäbische Oberamtsstadt Kirchheim unter Teck, meinen Heimatort? Suchten auch dort forsche Demokraten die Revolution? Und welche Rolle spielte Friedrich Tritschler bei dieser Schlacht um eine demokratische Zukunft?

14

Am 7. März 1848 versammelten sich in Kirchheim 350 entschlossene Bürger im Rathaus und unterzeichneten eine Petition an den Landtag und die Ständeversammlung in Stuttgart. Darin forderten die aufbegehrenden Einwohner ein gesamtdeutsches Parlament, freie Wahlen, Pressefreiheit, öffentliche Gerichtsverhandlungen, die Selbstverwaltung der Gemeinden, Versammlungsfreiheit, Volksbewaffnung, geringere Abgaben; Forderungen, die zu jener Zeit von Berlin bis Stuttgart, in München und Wien zu hören waren.

Bemerkenswert finde ich aus heutiger Sicht die hohe Zahl der Unterzeichner in Kirchheim, denn damals waren in der ganzen Stadt nur rund 100 Bürger aufgrund ihres Steueraufkommens direkt wahlberechtigt. Doch jetzt wollten viel mehr Bürger endlich ihre Meinung sagen können und gehört werden.

Es war die erste freie Volksversammlung in der über tausendjährigen Geschichte der Stadt. Das lokale »Amts- und Intelligenzblatt« berichtete über die aus Sicht der Obrigkeit durch und durch ungesetzliche Zusammenrottung im wohl ersten unzensierten Pressebericht der Stadtgeschichte.

Der wichtigste Redner bei dieser Zusammenkunft war unser zu diesem Zeitpunkt 38 Jahre alte Seifensieder Friedrich Tritschler; das »Amts- und Intelligenzblatt« würdigte ihn in einem Artikel ausführlich. Um Friedrichs zukunftsweisende Ansichten zu verdeutlichen, um zu zeigen, dass er aus ganzem Herzen ein Demokrat war und das Wohl des Volkes sein oberstes Ziel, zitiere ich hier einige kurze Passagen aus seiner Rede:

> »Zum ersten Mal ist es in unserer Stadt erlaubt, hier auf dieser Stelle, in einer Volksversammlung mit seinen Mitbürgern über das Wohl und Weh des Vaterlandes zu sprechen; tief gerührt bin ich über den Augenblick, wo das Volk zum ersten Mal sein Anliegen öffentlich aussprechen darf.
> Wenn ich im Allgemeinen frage, was tut uns jetzt Not?, so werdet ihr vieles wissen; hauptsächlich, werdet ihr sagen, drückt uns: dass wir zu teuer regiert sind, und dass wir zu wenig verdienen; ja von vielen, von sehr vielen würde ich hören, dass wir bereits unsere Familien nicht mehr ernähren können. Ich könnte hier zwar manchen zurufen: bet' und arbeit', sei sparsam und du wirst deine Familie ernähren können. Aber die allgemeine Not in unserem Vaterland ist, man darf es nicht verhehlen, dass sich auch der ordentliche Bürger nicht mehr ernähren kann.

Wo kommt dieser Zustand her? Und wer ist daran schuld? – werdet ihr fragen; ich möchte hier gern antworten: Von niemand als von Euch; niemand ist schuld als ihr selbst; denn es wird uns nie geholfen werden, außer wir helfen uns selbst.
Der günstige Augenblick ist jetzt gekommen, wo wir von Neuem Ansprüche an unsere Fürsten machen können; wir wollen nichts versäumen, aber bitten wollen wir auch nicht mehr – sondern fordern, was uns mit Recht gebührt.
Nun kommen wir an unsern verpönten Kastengeist; dieser grelle Standesunterschied muss aufhören, wenn etwas Gutes geschaffen werden soll; den Adel soll man nicht mehr durch Geburt, sondern durch bürgerliche Tugend erringen können.«

Jeder, der dies liest, kann das hehre Ansinnen Friedrich Tritschlers erkennen, seine guten Absichten, für jeden Menschen nur Besseres und Gerechteres erreichen zu wollen; gleichzeitig jedoch begreift wohl ein jeder, dass es ihm nicht nur um einige kleine Korrekturen am alten Staatswesen ging, dass er sich nicht mit ein wenig aristokratischer Kosmetik und politischen Spitzfindigkeiten würde abspeisen lassen.

Das »Amts- und Intelligenzblatt« kommentierte damals wohlwollend: »Sichtlich bewegt ging die Bürgerschaft auseinander, und um den Rednern ihre Sympathie zu bezeugen, zog ein großer Teil der Bürger an demselben Abend vor deren Haus, um ihnen durch den Liederkranz und die hiesige Musikgesellschaft ein Ständchen und zahlreiche Lebehoch zu bringen.«

Friedrich Tritschler muss an diesem Tag die Aufgabe seines Lebens gefunden haben: In seiner Heimatstadt zum Wohle aller für Freiheit und Demokratie zu kämpfen! Ob er sich in diesem Moment über die so weitreichenden Folgen nicht nur für sich, sondern auch für seine Familie im Klaren war, scheint mir zweifelhaft. Doch gab es von da an für ihn kein Zurück mehr.

Wenn ich mir heute, hier an meinem Schreibtisch über Papiere gebeugt, Friedrichs Auftritt vorstelle, erfasst mich großer Respekt vor seinem Mut, etwas zu wagen, was in der deutschen Geschichte so bis dahin unbekannt war: Freiheit für das Volk zu fordern, Demokratie!

15

So war es denn auch Friedrich Tritschler, der am 2. April 1848 eine Bürgerversammlung organisierte, die wegen des riesigen Andrangs nur unter freiem Himmel abgehalten werden konnte: 1 500 Einwohner drängten sich im Hof der Kirchheimer Kaserne, dem Freihof. Eine Tribüne war errichtet worden, eine große schwarz-rot-goldene Nationalfahne wehte im Wind. Jeder zweite erwachsene Kirchheimer war an diesem Tag auf den Beinen: Ob Beamter oder Tagelöhner, Bauer oder Handwerker, jeder schien sich nun für Politik und die großen staatlichen Belange zu interessieren, und viele wollten unzensiert ihre Meinung loswerden zu den politischen Tumulten in Württemberg und in ganz Deutschland.

So wurde auf dem Platz eifrig über Wahlen, Freiheit, Gerechtigkeit, Demokratie und die Aristokratie geredet, es wurde geschimpft und gefordert – in aller Öffentlichkeit. Etwas Vergleichbares hatte es noch nie gegeben!

»Ernste Ruhe und männliche Ordnung herrschten während des ganzen Verlaufs. Unbefriedigt ging wohl keiner nach Haus', gewiss aber mit dem Wunsche, es mögen solche Versammlungen häufiger gehalten werden«, stand anschließend im Lokalblatt.

Hauptredner war wiederum Friedrich Tritschler, der sich in den kommenden Monaten als führender Kirchheimer Demokrat und Revolutionär einen Namen machen sollte. Tritschler forderte auf der Zusammenkunft freie Wahlen, »wo der brave, arme Tagelöhner gleiches Stimmrecht mit dem Reichen bekommen soll«. Aus der Sicht der Obrigkeit eine unverschämte, geradezu infame Anmaßung. Das »Amts- und Intelligenzblatt« schrieb hingegen: »Die Bande der Zunge sind gelöst, das Wort ist Jedem freigegeben. Die bisher zurückgedrängten Ideen können sich nun Luft machen.«

Ende April wählten die Bürger in Kirchheim und Umgebung ihren Vertreter für die Deutsche Nationalversammlung in Frankfurt am Main. Das örtliche »Stadtschultheißenamt« verkündete: »Wahlfähig ist jeder volljährige, selbständige Staatsbürger, der weder unter Vormundschaft, noch in öffentlichem Almosen stehe, noch seiner bürgerlichen Ehrenrechte verlustig erklärt ist.«

Der Urnengang war für die Menschen ein beispielloses, geradezu erschütterndes Novum, kaum zu glauben, kaum vorstellbar – die erste freie, geheime und gleiche Wahl in der Geschichte Kirchheims!

Soviel ich in Erfahrung bringen konnte, standen drei Kandidaten zur Wahl, aus der als Sieger ein Gymnasiallehrer hervorging. Friedrich Tritschler hatte sich bei diesem Urnengang nicht aufstellen lassen. Aus meiner amerikanischen Sicht war die Wahl natürlich eine überfällige Errungenschaft, galten hier in den Vereinigten Staaten doch längst demokratische Regularien.

Die in diesem Frühjahr neu gewonnene politische Freiheit verlangte dann auch in der württembergischen Provinz zügig nach neuen politischen Organisationen. So rief noch im April der Kirchheimer Amtsverweser dazu auf, eine Bürgerwehr zu gründen. Möglichst viele Männer im wehrfähigen Alter sollten sich freiwillig zu den Waffen melden; denn das Recht, Waffen zu tragen, war für die aufbegehrenden Bürger von großer Bedeutung. Wie bereits erwähnt, waren die liberalen und demokratischen Widerständler überzeugt, sich nur mit eigenen Waffen und eigenen Truppen gegen die stehenden Heere der Fürsten behaupten zu können – in Württemberg gegen die Armee König Wilhelm I. Das sahen auch die Kirchheimer Revolutionäre so, und da hatten sie natürlich Recht.

»Einem freien Volk mit den Waffen in der Hand wird keine Macht der Welt seine Rechte entreißen«, verkündete der Schultheiß im »Amts- und Intelligenzblatt«, denn »die Geschichte lehrt, dass schon mehrmals die Morgenröte der Freiheit am deutschen Horizont heraufgezogen ist, und dass wir in Nacht zurückgesunken sind«.

Da Schusswaffen jedoch immens teuer waren, ergänzte er nüchtern: »Was sodann die Bewaffnung betrifft, so genügt, soweit Gewehre fehlen, die Lanze oder Sense.« So wurde eine »Sensen-Kompanie« gegründet. »An jedem Werktag abends 6 Uhr und an Sonntagen morgens 7 Uhr werden auf dem Marktplatz Beitrittserklärungen angenommen.« Es ist wohl vor allem Marschieren geübt worden.

Auch Kirchheimer Frauen wollten ihren Beitrag zur neuen Freiheitsbewegung leisten und nähten für die Bürgerwehr eigens eine imposante Fahne in den Farben schwarz, rot und gold mit dem aufgestickten Wort »Einheit«; feierlich wurde das Banner an die Bürgersoldaten übergeben.

16

Friedrich Tritschler gehörte zu dem Kreis tüchtiger Bürger, die Anfang Juni den »Vaterländischen Verein« gründeten, die erste politische Vereinigung einfacher Bürger der Stadtgeschichte. Dem Verein gelang es aus dem Stand, siebzig bis achtzig Mitglieder zu gewinnen; er äußerte sich fortan zu allen politischen Fragen.

Innerhalb des Vereins kam es jedoch schnell zu Streitigkeiten zwischen Befürwortern einer Republik und den Anhängern einer konstitutionellen Monarchie, genau wie in der Nationalversammlung in Frankfurt. Aus dem »Vaterländischen Verein« ging alsbald der »Volksverein« hervor, in dessen Statuten aus Sicht der Obrigkeit aufwieglerische Grundsätze festgeschrieben waren: So wurde unter anderem »die entschiedene Durchführung des demokratischen Prinzips in der Einrichtung des Staates« gefordert, wenn auch noch angemerkt wurde, »welche sowohl in der Form der konstitutionellen Monarchie als der Republik verwirklicht werden kann«. Dass die herrschenden absolutistischen Verhältnisse weiter bestehen könnten, das war indes ausgeschlossen.

Die konservativen Bürger gründeten daraufhin einen eigenen Verein, eine Konkurrenz zum »Volksverein«, den »Bürgerverein«, der es allerdings nie zu großer Bedeutung brachte.

Friedrich Tritschler bekundete in dieser Zeit immer wieder seine politische Haltung, ein »republikanisch gesinnter Vaterlandsfreund« zu sein. Er war zutiefst überzeugt, dass nur eine Republik »Einheit, Freiheit, Wohlstand« bringen könne, und fragte seine Zuhörer: »Ist das zu verwundern, wenn das Volk sich nach einer Republik sehnt, nachdem das Joch der Monarchien unser Vaterland bis zum Ersticken drückte?«

Seinen Gegnern, die eine Republik für einen gefährlichen und versponnenen Wunschtraum hielten und die demokratischen Ideale verachteten, trat er gern mit dem Beispiel der Vereinigten Staaten entgegen: »Seit etwa 70 Jahren regiert ein Präsident mit einer Besoldung von 40 000 Dollar weit besser als bei uns 34 Fürsten mit ihrem Anhang um die Summen von circa 80 Millionen jährlich.« Angriffen von Monarchisten antwortete er: »Mein Kampf ist rein, und mein Gewissen ist gut; es geht mir nicht um Personen, sondern um die Sach'; ich bin einmal durch meine politische Überzeugung von ganzem Herzen Republikaner.«

Natürlich hatte der gute Friedrich Recht, das Argument stimmt selbst heute noch, fast fünfzig Jahre später: Der Hofstaat des Deutschen Kaisers, der jahrhundertealte Adel und sein Anhang mit den immer noch vorhandenen Privilegien und zahllosen Apanagen verschlingen Abermillionen von Reichsmark. Dagegen ist ein amerikanischer Präsident für sein Volk ausgesprochen billig und effizient.

Friedrich Tritschler war allerdings, das ist mir wichtig zu betonen, bei all seinem revolutionären Elan in keiner Weise ein gewalttätig veranlagter Mensch, er wollte die Republik nicht mit Musketen und Pistolen herbeischießen, nein, Mord und Totschlag lagen ihm fern; er wollte demokratische Verhältnisse erreichen durch »Vermittlung zwischen Fürsten und Volk, woran unsere Nationalversammlung arbeitet«, wie er schrieb. Ob dies möglich sein würde, sollte sich ja noch zeigen; seine feurigen Hoffnungen waren jedenfalls wohlgemeint.

Er kämpfte für seine Sache und die seiner Mitstreiter mit ganzem Herzen, mit allem, was er besaß. Dass dieser Kampf Geld kostete, ihn von der Arbeit und manch nötiger Verrichtung abhielt, ganz zu schweigen von der Belastung für seine Familie, lässt sich nicht verschweigen. So lästerte das »Amts- und Intelligenzblatt« über ihn: »Für die ganze Welt will er sorgen, für sich selbst sorgt er am schlechtesten. Alles will er frei machen; sich selber aber wird er befreien von den schönen Wiesen und Äckern, die seine Ahnen gedüngt und gepflügt, – wenn er so fortmacht.«

Doch wer eine jahrhundertealte Herrschaft umstoßen will und für das Glück der Menschen Freiheit und Demokratie auf seine Fahnen schreibt, kann der auf jeden einzelnen Gulden, Kreuzer oder Taler achten? Ließ sich in Deutschland ein Umsturz anzetteln, für das Wahre und Gute streiten und gleichzeitig an die eigene Haushaltskasse denken? Nein, jeder Kampf um Freiheit hat seinen Preis, er ist für den Einzelnen ein Wagnis mit ungewissem Ausgang, er kostet Geld, weil er einen am Arbeiten und Wirtschaften hindert.

17

Blicke ich heute, am Ende des 19. Jahrhunderts aus meiner amerikanischer Welt zurück auf die Jahre vor 1848 in Deutschland, so kann ich kaum glauben, wie engstirnig und antiquiert die Verhältnisse damals dort waren: Der Deutsche Bund mit seiner Kleinstaaterei, die grauköpfigen adeligen Herrscher, angeblich von Gottes Gnaden, die starren Ständeordnungen, all die niederen und hohen Beamten, die vor den Herrschenden zu Kreuze krochen und buckelten, die Zensur und die Willkürjustiz – es war eine wahrlich dunkle Welt.

Was konnte ein Mann wie Friedrich Tritschler, der frei und nach seiner Façon sein Leben führen wollte, dort tun? Nichts – oder sich erheben.

Bereits sieben Jahrzehnte zuvor hatten die 13 britischen Kolonien in Nordamerika mit ihrer Unabhängigkeitserklärung die Vereinigten Staaten von Amerika gegründet, einen eigenen souveränen Staatenbund gebildet. Genau am 4. Juli 1776 haben sie sich losgesagt von Großbritannien, vom alten Europa, sich befreit von einer Welt der verstaubten Gesetze und nicht haltbaren Ungerechtigkeiten.

Schon in der biblischen Schöpfungsgeschichte wird verkündet, dass alle Menschen vor Gott gleich sind. Der Philosoph John Locke hat erklärt, dass jedem Menschen das Recht auf Freiheit und Teilhabe am Leben gegeben ist. Nun mag ich selbst weder ein Philosoph noch ein Staatsrechtler sein, aber in der von Gott geschaffenen Welt haben wir uns als seine Werkzeuge nicht nur um unser eigenes Wohl zu kümmern, sondern auch um das unseres Volkes, ja: der Menschheit.

So steht hier auf meinem Schreibtisch als kleiner Band die Unabhängigkeitserklärung vom 4. Juli 1776; für mich sowohl ein Sinnbild für die leuchtende Glorie dieses Landes als auch eine Mahnung, dass erkämpfte Freiheit und erstrittene Gerechtigkeit stets beschützt werden müssen. Einige wenige Zeilen aus der Proklamation möchte ich zitieren, um dem Leser, die wenigsten werden den Text vor Augen haben, die Strahlkraft der Worte zu verdeutlichen:

> »Folgende Wahrheiten bedürfen für uns keines Beweises: dass alle Menschen gleich geschaffen sind; dass sie von ihrem Schöpfer mit gewissen unveräußerlichen Rechten ausgestattet sind; dass dazu Leben, Freiheit und das Streben nach Glück gehört; dass zur Sicherung dieser Rechte Regierungen unter den Menschen eingesetzt sind, die ihre rechtmäßige Autorität aus der Zustimmung der

Regierten herleiten; dass, wenn immer irgendeine Regierungsform diesen Zielen abträglich wird, das Volk berechtigt ist, sie zu ändern oder abzuschaffen und eine neue Regierung einzusetzen.«

Seit 1791 ist durch einen Zusatz in der Verfassung auch garantiert, dass in diesem Land jeder Mann eine Waffe tragen darf – nicht nur zum Schutz seines nackten Lebens, sondern auch zum Schutz seiner Freiheit. Kein Tyrann soll die Chance haben, die Bürger zu unterdrücken, auszupressen oder gar zu töten: »Da eine wohlgeordnete Miliz für die Sicherheit eines freien Staates notwendig ist, darf das Recht des Volkes, Waffen zu besitzen und zu tragen, nicht beeinträchtigt werden.«

Wie ungemein hätte dies doch den geknechteten Bürgern in Deutschland, in Württemberg, geholfen. Was hätten all die deutschen Fürsten denn gegen ihre Untertanen vollführen wollen, wenn diese nicht nur über Knüppel und Sensen verfügt hätten, sondern über Gewehre? Nicht viel. Aber ich will hier nicht herbeisehnen, schon gar nicht im Nachhinein, was für Deutschland nicht mehr als ein Wunschbild sein kann.

Selbst heute, im Jahr 1898, scheint mir Deutschland im Vergleich zu den Vereinigten Staaten weit hintenan. Knapp drei Jahrzehnte nachdem der Deutsche Bund in den Annalen der Geschichtsbücher verschwunden ist, nachdem Graf Otto von Bismarck

1871 das Deutsche Kaiserreich gegründet hat, und nachdem heute bereits der dritte Kaiser in Berlin auf seinem Thron sitzt, hat sich nichts wirklich zum Besseren gewendet. Zugestanden, in Fragen der Wirtschaftskraft hat Deutschland stark aufgeholt und sich eine formidable Position im europäischen Völkerspiel erobert.

Aber gibt es heute wahrhaft freie Männer in Deutschland? Werden jedem ehrbaren Mann die gleichen Chancen gewährt? Wird dieses Land von seinen fähigsten, gesittetsten und kühnsten Männern regiert? Steht über allem das Wohl aller und nicht nur der Vorteil weniger? Auf diese so grundsätzlichen Fragen gibt es, so bedauerlich es sein mag, aus meiner Sicht leider nur eine Antwort: Nein. Das Glück aller Menschen, in Deutschland hat es damals und bis heute noch keinen Platz gefunden.

18

Im Laufe des Jahres 1848 kamen die Revolutionäre in Deutschland zeitweise gut voran. Im preußischen Berlin musste der König vor der Macht der Straße erst einmal zurückweichen; wobei während der zahlreichen Straßenkämpfe vor allem kleine Leute – Handwerker, Gesellen, Tagelöhner – ihren Einsatz für die Demokratie mit dem Leben bezahlten.

Der große deutsche Dichter Theodor Fontane, der sich während der revolutionären Tumulte in Berlin befand, notiert in seinen erst vor Kurzem veröffentlichten Lebenserinnerungen: »Gleich nach den Februartagen hatte es überall zu gären angefangen, auch in Berlin. Man hatte die alte Wirtschaft satt.« Nüchtern befindet er: »Aufs Politische hin angesehen, war in unserem gesamten Leben alles antiquiert.« Er erkennt, in Preußen waren die Menschen »keine *misera plebs* mehr, sondern freie Menschen – wenigstens innerlich –, an denen die Welt umgestaltenden Ideen der Französischen Revolution nicht spurlos vorübergegangen waren«.

Fontane sieht die deutschen Defizite deutlich: »In England hatte es immer eine Freiheit gegeben, in Preußen nie; England war in der Magna-Charta-Zeit aufgebaut worden, Preußen in der Zeit des blühendsten Absolutismus.«

Ende März gab sich König Friedrich Wilhelm IV. in seinem Aufruf »An mein Volk und die deutsche Nation« dann plötzlich den Anschein, ein schwarz-rot-goldener Patriot zu sein. Er verkündete, die von Liberalen und Demokraten verlangten Veränderungen des Staates umsetzten zu wollen: Volksbewaffnung, Pressefreiheit, Schwurgerichte, Herstellung eines deutschen Nationalstaates und eines deutschen Nationalparlaments, Menschen- und Bürgerrechte, eine Verfassung. Das klang gut, es klang zu gut.

In den zahlreichen kleineren Staaten des Deutschen Bundes geriet eine konservative Regierung nach der anderen ins Wanken. Revolutionäre wurden sogar als Minister in die Kabinette der Fürsten berufen, es wurde Pressefreiheit gewährt, Bürgerwehren wurden gegründet, die Abgaben der Bauern vermindert.

Mancherorts versuchten die Revolutionäre, gewaltsam die Herrschaft an sich zu reißen, einem Coup d'État gleich. Der Rebell Friedrich Hecker versuchte Ende April mit einigen Tausend Getreuen in Baden die Macht im Pulverdampf zu übernehmen. Doch nach einem Scharmützel mit rund einem Dutzend Toten musste er sich geschlagen geben.

Sein Mitstreiter Gustav Struve riskierte Ende September einen zweiten Versuch und rief im badischen

Lörrach vom Fenster des Rathauses die »Deutsche Republik« aus. Die Gelegenheit schien ihm wohl günstig, da es erst kurz zuvor in Frankfurt, dort tagte ja die Nationalversammlung, zu blutigen Barrikadenkämpfen gekommen war. Struve ließ frech Schilder mit der Aufschrift »Deutsche Republik« aufstellen und ordnete an, Beamte zu verhaften und öffentliche Kassen zu beschlagnahmen. Zeitweise kommandierte er mehr als 2000 Mann. Doch auch sein Putsch sollte schon nach wenigen Tagen scheitern, gegen anrückende badische und preußische Truppen konnten sich die Aufständischen nicht behaupten.

So kam es an verschiedenen Orten zu revolutionären Versuchen und Scharmützeln, während in Frankfurt die Nationalversammlung in der Paulskirche darüber beriet, wie man der zersplitterten deutschen Nation eine demokratische Verfassung geben und die nationale Einheit schaffen könnte.

Von Amerika aus beobachteten ich und viele andere Auswanderer die Ereignisse sehr gespannt. Sollte es womöglich zu einem Bürgerkrieg kommen wie in der Geschichte der Vereinigten Staaten?

Der rabiate Kampf zwischen Altem und Neuem war nicht entschieden. Doch die alten Machthaber und ihre Cliquen arbeiteten offen wie versteckt daran, die Revolution aufzuhalten, ja, sie rückgängig zu machen. Im letzten Drittel des Jahres 1848 spürten die Verfechter des Ewiggestrigen wieder Oberwasser:

Ende Oktober wurde in Österreich-Ungarn die Revolution blutig niedergeschlagen.

In Berlin ließ der König die dortige Nationalversammlung, die eine Verfassung für Preußen ausarbeiten sollte, im November zuerst in die Provinz verjagen und entmachten, bevor er Anfang Dezember ihre Auflösung anordnete.

Der Dichter Fontane schreibt dazu zutreffend: Berlin hatte »nicht eine vom Volkswillen diktierte, sondern eine oktroyierte Verfassung«. Und er bringt es auf den Punkt: »Volkswille war nichts, königliche Macht war alles.«

Damit triumphierte in den beiden großen Staaten des Deutschen Bundes, in Preußen und Österreich-Ungarn, die Gegenrevolution, was für alle anderen deutschen Staaten natürlich kein gutes Vorzeichen sein konnte.

19

Doch zurück nach Kirchheim, zurück zu unserem verehrten Friedrich Tritschler.

Ende Dezember 1848 verabschiedete die Frankfurter Nationalversammlung trotz des aufkommenden reaktionären Gegenwinds im Land die »Grundrechte des deutschen Volkes«, ein einmaliger Akt in der deutschen Geschichte. In dem so bedeutsamen Katalog wurden zum ersten Mal jedem einzelnen Bürger Freiheitsrechte garantiert.

Württembergs König Wilhelm I. setzte diese Grundrechte Ende Januar 1849 sogar in Kraft. Er tat das sicherlich nicht freiwillig, sondern nur, weil in seinem Reich – ganz im Gegensatz zu Preußen – die Demokraten noch sehr stark waren. Den König trieb die blanke Angst.

Württembergs Bürger jedenfalls waren begeistert, zumindest die Fortschrittlichen. In Kirchheim wurde das historische Ereignis mit einem großen Fest auf dem Marktplatz gefeiert; eingeladen im Auftrag des Volksvereins hatte, wer sonst: Friedrich Tritschler. Die Bürgerwehr »zog mit flatternden Fahnen und klingendem Spiel« auf den Marktplatz, die ihn umgebenden Fenster und Balkone waren üppig mit Blumen und Fahnen geschmückt. Den zahlreich erschienenen Bürgern – viele Hunderte, wenn nicht gar über tausend – wurden die Grundrechte verlesen, »die Urkunde über die Rechte eines freien Volkes« präsentiert, wie das »Amts- und Intelligenzblatt« schrieb. »Kirchheim sah schon lang keinen schöneren Tag«, hieß es in der Zeitung.

Anschließend zog die Bürgerwehr – bewaffnet! – in die Stadtkirche ein, wo der Dekan »dem neugeborenen Kind der Revolution vom Altar herab die Weihe der Religion und der Kirche« erteilte. Welch eine Tat des Pastors, war die Kirche doch über Jahrhunderte stets auf der Seite der Herrschenden gestanden. Nach der Feier kehrten viele Bürger in das eine oder andere Wirtshaus ein, wo noch bis in die Nacht manch' politisches Lied gesungen und manch' selbstverfasstes Gedicht vorgetragen wurde, so hat man mir erzählt.

Die offizielle Verkündung der Grundrechte befeuerte vielerorts noch einmal den demokratischen Eifer, auch in Kirchheim. Der Oberamtmann der Stadt meldete der königlichen Verwaltung in Stuttgart besorgt, dass »fast alles, was gegenwärtig von der radikalen, überall tätigen und stets agitierenden Seite ausgeht, bei der großen Masse des Volkes« auf sehr große Zustimmung stoße. In der Tat organisierten sich nun sogar in den zahlreichen kleinen Dörfern rund um Kirchheim die Anhänger der Revolution in eigenen Vereinen, oft vorangetrieben und unterstützt von Friedrich Tritschler.

Am 2. März 1849 beschließt die Nationalversammlung in Frankfurt trotz der politischen Kämpfe und Wirrnisse für ganz Deutschland das allgemeine, gleiche und geheime Wahlrecht. Ein historischer Moment: Erstmals in der Geschichte der Deutschen würden alle ehrhaften Bürger, ohne Ansehen ihrer Herkunft und ihres Vermögens, wählen dürfen! Es war ein wichtiger Schritt in Richtung Demokratie, für viele Bürger war es der entscheidende.

Mit Beginn des Frühjahres 1849 glaubten viele Demokraten fest an einen Sieg, in Kirchheim feierten Ende März rund 1 500 begeisterte Bürger den Beginn der Revolution ein Jahr zuvor: Es wurden bewegte Reden gehalten auf ein demokratisches und geeintes Deutschland, Hochrufe auf die Revolution geschmettert, die Menschen sangen und lachten.

Doch schon im April sollte sich die politische Lage gravierend ändern: Die Monarchen drängten die demokratischen Errungenschaften ebenso zielstrebig wie skrupellos Stück für Stück zurück. Die deutsche Nationalversammlung wählte zwar noch Preußens König Friedrich Wilhelm IV. zum deutschen Kaiser und bot ihm die Krone an. Doch der dünkelhafte und eigensüchtige Friedrich Wilhelm dachte nicht im Traum daran, ein Kaiser von Volkes Gnaden zu werden, er, der zutiefst von seinem Gottesgnadentum überzeugt war.

So wies der preußische König die deutsche Kaiserkrone Ende April brüsk zurück; später wurde bekannt, dass er sie als »Schweinkrone« bezeichnet hatte, weil sie »den Ludergeruch der Revolution« verbreite. Bereits im März hatte Preußens König in einem später bekannt gewordenen Brief an Ernst Moritz Arndt, den Dichter und Abgeordneten der Nationalversammlung, sein wahres Gesicht offenbart: »Jedoch zum Abschied die Wahrheit: Gegen Demokraten helfen nur Soldaten.«

Die Reichsverfassung und die deutsche Einheit waren damit verloren, auch wenn die meisten Demokraten dies noch nicht wahrhaben wollten. Die Feinde der Revolution bliesen nun offen zum Gegenangriff auf alle demokratischen Errungenschaften, die alte Obrigkeit wollte mit aller Macht den *Status quo ante* erzwingen, sollte dies auch Bürgerkrieg und viele Tote bedeuten.

Preußens König ließ erklären, dass sein Land gewillt sei, »den revolutionären Bestrebungen nach allen Seiten hin mit Kraft und Energie entgegenzutreten«. Preußen wollte die Demokraten also nicht nur innerhalb seiner Landesgrenzen vernichten, sondern in allen deutschen Ländern. Seiner Schwester schrieb der bigotte Monarch aufgebracht, er habe vor, einen »Vernichtungsschlag« gegen die Frankfurter Nationalversammlung zu führen. Überall im Deutschen Bund wollte er die Revolution mit seinen Soldaten und ihren Gewehren und Kanonen zerschlagen, die vormaligen Verhältnisse wiederherstellen und zementieren.

Preußen schaffte das allgemeine Wahlrecht wieder ab und führte ein Dreiklassenwahlrecht ein; je mehr Steuern ein Mann zahlte, desto gewichtiger war seine Stimme, desto mehr politischen Einfluss besaß er. Welch ein undemokratisches Prinzip.

In einigen Ländern des Deutschen Bundes flammten erneut gewalttätige Aufstände auf. Im Mai erschütterten Rebellionen Baden, Sachsen, die Pfalz und Bayern. Die Abgeordneten der Frankfurter Nationalversammlung riefen »das gesamte deutsche Volk« verzweifelt dazu auf, die verabschiedete demokratische Verfassung »zur Anerkennung und Geltung zu bringen«. Was heute ein wenig harmlos klingt, war es nicht – es war nicht weniger als der Aufruf zu direktem Widerstand und offener Gewalt.

Demokraten und Liberale versuchten, die von der Frankfurter Nationalversammlung verabschiedete Verfassung gegen den Widerstand der Könige, Fürsten und Herzöge durchzusetzen. Viele Demokraten sahen nur noch eine Lösung: sich mit der Waffe in der Hand gegen die kompromisslosen Regenten zu wehren.

Der letzte Akt der Revolution von 1848/49 begann.

20

Die Blätter an den Bäumen draußen im Park haben sich rötlich-braun verfärbt, viele sind bereits zu Boden gegangen, bedecken den Rasen oder haben sich in kleinen Haufen an den Hecken gesammelt.

Seit vielen Wochen verbringe ich weit mehr Zeit hier an meinem Schreibtisch, als ich zu Beginn meiner Aufschriebe über Friedrich Tritschler vorhatte; fast geraten meine geschäftlichen Aktivitäten in den Hintergrund. Es erfreut mich, wie die Tinte Zeile für Zeile das Papier füllt, und das Leben Friedrich Tritschlers, aber auch die Zeitläufe sichtbar werden.

Die Unterlagen zu sichten, in alte Zeiten einzutauchen, mich an Kirchheim, aber auch an mein Leben hier in Amerika zu erinnern, das alles berührt mich weitaus stärker, als ich es mir hätte vorstellen können. Es scheint, als werde ich nicht nur alt, sondern auch sentimental. Mich an den guten Friedrich Tritschler zu entsinnen und über die politische Entwicklung nachzusinnen, erfüllt mich mit Schwermut, aber auch mit Zufriedenheit.

Friedrich Tritschler in Kirchheim war sich ab Sommer 1849 zweifelsohne bewusst, dass die demokratischen Erfolge der vergangenen Monate auch in seiner Heimatstadt in höchster Gefahr waren. Für ihn und seine Mitstreiter ging es nun um alles oder nichts, um Demokratie oder Gefängnis, um Freiheit oder womöglich die Todesstrafe.

Tritschlers »Volksverein« veröffentlichte in einer Beilage der Lokalzeitung einen flammenden Appell: »Der gewaltige Kampf, der in Europa entbrannt ist, ist der Kampf der Demokratie gegen den Absolutismus, der Kampf der Freiheit gegen die Knechtschaft. Mitbürger! Es gibt nur eine Wahl: entweder Demokratie oder Despotie, nur einen Kampf, den der Freiheit gegen die Knechtschaft. Unser Wahlspruch ist: Alles für das Volk und durch das Volk! Wer nicht mit uns ist, ist wider uns!«

Tritschler, inzwischen Vorsitzender der Kirchheimer Bürgerwehr, vereidigte in einer Bürgerversammlung die Wehrmänner kurzerhand auf die frisch verabschiedete Reichsverfassung – und nicht mehr, wie zuvor üblich, auf den König; die Mitglieder der Bürgerwehr sollten sich der Demokratie verpflichtet fühlen und eben nicht mehr dem Monarchen. Der Kirchheimer Gemeinderat bewilligte 1000 Gulden, um französische Musketen für die Bürgerwehr zu beschaffen. Anfang Juni ereigneten sich in der Stadt wiederholt schwere Krawalle, blutige Schlägereien zwischen Anhängern und Gegnern der Revolution verunsicherten die Einwohner.

Als der Rest der sich in den politischen Wirren auflösenden Frankfurter Nationalversammlung in die württembergische Hauptstadt Stuttgart floh, gelobten die Kirchheimer Demokraten den Abgeordneten dort begeistert ihre Gefolgschaft.

In der Frühsommernacht vom 18. auf den 19. Juni 1849, von einem Sonntag auf einen Montag, sollte die Revolution in meiner schwäbischen Heimatstadt Kirchheim unter Teck ihren Höhepunkt erreichen.

Am Abend war aus Stuttgart die für die Demokraten niederschmetternde Nachricht eingetroffen, dass die württembergische Regierung die in der Landeshauptstadt weilenden Abgeordneten der Nationalversammlung mithilfe des Militärs hatte auseinanderjagen lassen. Damit waren auch die letzten aufrechten Mitglieder der Nationalversammlung vertrieben, die Versammlung in Gänze liquidiert, das Herzstück der Revolution vernichtet.

Unter den Kirchheimer Mitstreitern herrschte helle Empörung, die ganze Stadt wurde von großer Unruhe erfasst, überall auf den Straßen sammelten sich Menschen, zeterten und schrieen ihren Zorn heraus. Flugs zirkulierte ein handgeschriebenes Flugblatt, worauf stand: »Wir sind verpflichtet, für die Nationalversammlung einzustehen mit Gut und Blut.« Musste es nun mit Gewalt gegen die Revolutionsfeinde gehen?

21

In der Stunde der Gefahr herrschte ein gewaltiges Durcheinander: Eine spontane Bürgerversammlung verlief chaotisch und ergebnislos; die einen wollten Sturm läuten, um alle Bürger am Rathaus zu versammeln, die anderen verlangten, die Bürgerwehr zu alarmieren, wieder andere forderten, bewaffnete Posten vor den Stadttoren aufzustellen, weil angeblich reguläre württembergische Truppen in die Stadt eindringen und sie besetzten wollten.

Im Laufe der Nacht stellte die Bürgerwehr kurzerhand den Oberamtmann unter Hausarrest. Im Rathaus versammelten sich gegen fünf Uhr früh am Montag zahlreiche Stadträte und Bürger, ein provisorischer Sicherheitsausschuss übernahm kurzfristig die Macht in der Stadt.

Friedrich Tritschler hielt eine leidenschaftliche Ansprache, er beschwor seine Mitbürger, die noch so jungen demokratischen Errungenschaften vor dem Untergang zu bewahren; er versuchte, einen Freiwilligenzug zur Verteidigung der untergehenden Reichsverfassung zu organisieren.

Knapp hundert Männer schlossen sich ihm an

und zogen unter seiner Führung, bewaffnet und mit Munition versehen, aus der Stadt. Angeblich waren im Laufe der Nacht insgesamt dreißig der Stadt gehörende Musketen und rund 9 000 Patronen, der gesamte Munitionsvorrat der Gemeinde, verteilt worden. Friedrich Tritschler hoffte, bei einem Marsch durch die umliegenden Orte weitere Kämpfer für seinen Trupp gewinnen zu können.

Doch seine Hoffnung, einen schlagkräftigen Freischarzug zusammenstellen zu können und damit noch in den Kampf eingreifen zu können, sollte schnell enttäuscht werden. In der knapp acht Kilometer entfernten Gemeinde Weilheim hielt er eine dramatische Kampfrede, doch zum Kämpfen konnte er von den dortigen Männern nicht viele bewegen, gerade einmal acht mit Sensen bewaffnete Kerle schlossen sich seinem Zug an. Im nächsten Dorf, in Wiesensteig, erging es ihm nicht anders, auch dort gelang es ihm nicht, eine größere Anzahl kampfbereiter Mitstreiter zu rekrutieren.

Viele seiner Zuhörer teilten zwar seine Ansichten, aber ihr Blut wollten sie für die Freiheit nicht riskieren; und viele zweifelten bereits an der Möglichkeit eines Sieges.

Auch innerhalb von Tritschlers überschaubarer Truppe herrschte vielstimmige Ratlosigkeit: Sollte man nach Stuttgart ziehen, um den dort verbliebenen Demokraten zur Seite zu stehen? Oder wäre es besser, gleich bis nach Baden zu marschieren, um die dortigen Revolutionäre zu unterstützen? Was war sinnvoll, was überhaupt machbar? Was versprach Erfolg für die freiheitliche Sache? Konnten sie, die kleine Truppe Kirchheimer, in Stuttgart oder Baden etwas bewirken? Und überhaupt: Wie sollten sie auf die Schnelle dort hinkommen?

Die Freiheitskämpfer waren verunsichert, wussten nicht wohin, sie hatten nur wenige Nachrichten von außerhalb erhalten und fürchteten, auf verlorenem Posten zu stehen.

Schließlich kehrten die Revolutionäre im Laufe des Montags müde und ernüchtert, ohne sichtbaren Erfolg, nach Kirchheim zurück. Die aufgewühlten Kirchheimer Rebellen mussten sich und ihren Mitbürgern eingestehen, dass sie den demokratischen Aufstand nicht retten konnten, weder in Kirchheim, noch in Württemberg oder gar darüber hinaus. Die Revolution war am Ende, die Freiheit hielt keinen Sommer lang, nicht in Deutschland, nicht in Kirchheim unterhalb der Burg Teck.

Einige Wochen später beschrieb Friedrich Tritschler die Geschehnisse der Nacht noch einmal aus seiner Sicht. Enttäuscht hielt er fest: »Überall fanden wir leider gleiches erbärmliches Schwanken, nirgends einen festen Entschluss, nirgends Aufopferungsfähigkeit.« Über das Ende notierte er versöhnlich, wohl auch um die eigene Enttäuschung ein wenig zu verbergen:

»Vor der Stadt angekommen, wurden die geladenen Gewehre losgeschossen, und rüstig und froh zog die ganze Mannschaft unter ständigen Hochrufen der Bewohner in die Stadt. Am Rathaus stellten wir uns auf, gaben die Munition wieder ab, sagten der deutschen Sache trotz diesem unglücklichen Ausgang ewige Treue zu und brachten dem noch zu erreichenden großen deutschen Vaterlande ein stürmisches Hoch.«

Alle Hoffnung auf die ersehnte Freiheit und ein anderes Deutschland wollte Friedrich allerdings nicht fahren lassen – denn Aufgeben, das war nicht seine Sache. Und so machte er sich auch in den folgenden Monaten unbeirrt für die Demokratie stark.

22

In diesen Tagen Ende Juni 1849 ahnte Friedrich Tritschler wahrscheinlich schon, dass Demokratie und Freiheit in Deutschland verloren waren, zumindest mussten seine Hoffnungen in den Grundfesten erschüttert gewesen sein. Seit Monaten hatte die alte Obrigkeit allerorten Macht zurückgewonnen, voran im Nordosten im großen Preußen; die Revolutionäre und ihre Ideen verloren im ganzen deutschen Gebiet Tag für Tag an Einfluss.

Den längsten Widerstand leisteten die Demokraten noch in Baden, dem Großherzogtum direkt angrenzend an Tritschlers Heimatland Württemberg. In der modernsten Garnison Badens, der großen Festung Rastatt, hatten die Soldaten erst Anfang März 1849 gemeutert. »Wir sind das Volk, das seine Freiheit fordert!«, war die Parole gewesen, die durch die Straßen und Gassen der Stadt gehallt war: »Wir sind das Volk, das seine Freiheit fordert!«

Soldaten und Einwohner in Rastatt verbrüderten sich; schnell griff der Aufstand auf fast alle anderen badischen Garnisonen über. Großherzog Leopold floh, die Aufständischen bildeten eine provisorische

Regierung. In Baden gelang den Revolutionären das, was sie sonst nirgends zustande brachten: Das Militär wurde zur entscheidenden Machtbasis der Demokraten, die Soldaten mit ihren Gewehren und Kanonen standen auf ihrer Seite. Für kurze Zeit übernahmen die Aufständischen die Macht auf ganzer Linie.

Das Großherzogtum Baden wurde somit zur letzten Bastion der Revolution in Deutschland. Auch wenn viele der dortigen Kämpfer ahnten und fürchteten, dass ihre Machtübernahme nur von kurzer Dauer sein würde, denn preußische Truppen waren unterwegs, um die absolutistische Ordnung mit Waffengewalt wiederherzustellen.

Das badische Revolutionsheer umfasste rund 30 000 Mann, eine stattliche Größe, aber demgegenüber formierten sich etwa 60 000 überwiegend preußische Angreifer. Am 21. Juni kam es bei einer kleinen Ortschaft namens Waghäusel, rund 25 Kilometer nördlich der Landeshauptstadt Karlsruhe, zur entscheidenden Schlacht – die revolutionären Truppen erlitten eine dramatische Niederlage. Der Traum von der Republik endete auch hier im Kugelhagel preußischer Soldaten. Die geschlagenen Aufständischen zogen sich nach Süden in Richtung Rastatt zurück, viele Revolutionäre desertierten, andere flohen in die Schweiz.

Etwa 6 000 Kämpfer verschanzten sich hinter den Mauern der Festung Rastatt. Doch nach einigen Tagen begannen preußische Kanoniere, Granaten in die Stadt zu feuern; dabei zielten sie nicht auf die Festungsanlage, sondern auf das von Hunderten Zivilisten dicht bewohnte Gebiet um die in der Festung befindliche Pfarrkirche. Ganze Straßenzüge brannten, die eingeschlossenen Menschen sollten aufgerieben und zermürbt werden.

Nach drei Wochen Belagerung ergaben sich die Revolutionäre, bedingungslos. »Auf Gnade und Ungnade«, lautete die Formel, als die Demokraten ihre Waffen niederlegten. Die Hoffnung auf Gnade wurde ihnen allerdings schnell genommen, denn die preußischen Truppen übten eine blutige und brutale Siegerjustiz: Rund drei Dutzend Revolutionäre wurden hingerichtet, Tausende in Zuchthäuser gesperrt, manche für bis zu zehn Jahre.

In den überfüllten Kerkern brach schon kurz nach der Kapitulation Typhus aus, der zahlreiche Opfer forderte. Viele Verurteilte mussten zudem hohe Geldstrafen bezahlen, die sie ruinierten und dauerhaft in Armut stürzten.

Ein zum Tode verurteilter ehemaliger preußischer Gerichtsreferendar, der im Rang eines Majors auf Seiten der badischen Revolutionsarmee gekämpft hatte, notierte in seinem Abschiedsbrief bewundernswert unverzagt: »Ich sterbe voller Freude und Mut, weil ich für die Befreiung des Volkes gekämpft habe.« Welch eine Haltung, welch ein Heldenmut dieses unbeugsamen Demokraten!

Tausende andere Kämpfer für die Sache der Freiheit sahen nur noch die Möglichkeit, schnellstens ins Exil zu fliehen, etwa in die Schweiz. Viele von ihnen wanderten auch in die Vereinigten Staaten aus. Manche von diesen geschlagenen Demokraten sollte ich hier in meiner neuen Heimat treffen, einige von ihnen sollten hier beim Militär oder sogar in der Politik noch Karrieren machen. Davon will ich später noch berichten.

So starb der Traum von Freiheit und Einheit in Deutschland zuallerletzt in der Garnison von Rastatt. Dort endete die deutsche Revolution, zerschossen und zerfetzt von preußischen Infanteristen und Kanonieren. In Baden, in Württemberg, in den ganzen deutschen Landen sollten Jahre rücksichtsloser staatlicher Repression folgen, in denen Demokraten verfolgt, verurteilt und in Kerker geworfen wurden. Wie anderorts sollte diese finstere Zeit auch Kirchheim unter Teck treffen, meine und Friedrich Tritschlers Heimat.

23

Trotz der militärischen Niederlagen und trotz aller Unterdrückung, die Revolutionäre waren nicht mundtot. Friedrich Tritschler blieb in Kirchheim, obwohl Anklage gegen ihn wegen politischen Aufruhrs erhoben worden war, und er hielt unverbrüchlich an seinen demokratischen Idealen fest.

Die Wahl zur Landesversammlung im August 1849, die eine Verfassung für Württemberg ausarbeiten sollte, stand an. Tritschler, »dieser seit Jahren bewährte Volksfreund«, wie ihn das »Amts- und Intelligenzblatt« jetzt nannte, trat im Bezirk Kirchheim als Kandidat an – und erzielte einen furiosen Wahlsieg: Er erhielt 74,5 Prozent aller Stimmen! Kirchheim war fest in demokratischer Hand.

Die Demokraten begingen ihren Wahlsieg mit einer großen Feier auf der Hahnweide, einer Festwiese am Stadtrand. Am Ende begleiteten sie Friedrich Tritschler mit Gesang und Musik zu seinem Haus in der Innenstadt, »wo man nach einem stürmischen Hoch auf den Abgeordneten in aller Ruhe und Ordnung auseinander ging«, so nachzulesen im »Amtsblatt«. Kirchheim war durch

Friedrich Tritschler zu einer Hochburg der Demokraten geworden!

Tritschler nahm seine Aufgabe als gewählter Abgeordneter vom ersten Tag an sehr ernst, hielt in allen umliegenden Gemeinden Bürgerversammlungen ab, um »die Wünsche und Ansichten über die Abänderungen der Gesetze in unserem Vaterland anzuhören und auszutauschen«. So gewannen die Demokraten auch in der eher konservativ-monarchisch gesinnten Landbevölkerung an Rückhalt.

Württembergs König Wilhelm I. hingegen verabscheute die demokratische Grundstimmung im Volk zutiefst. Weil ihm das Wahlergebnis nicht passte – die Demokraten errangen zwei Drittel der Sitze –, ließ er die Landesversammlung kurzerhand wieder auflösen und schrieb willkürlich Neuwahlen aus.

Im Februar 1850 wurde eine neue Landesversammlung gewählt, Friedrich trat wieder als Kandidat der Demokraten an – und was passierte? Wieder errang er einen glänzenden Sieg! Dieses Mal entfielen immerhin 65 Prozent der Stimmen auf ihn, er war wieder frei gewählter Abgeordneter der württembergischen Landesversammlung.

Die demokratische Bewegung war also keineswegs am Ende, nein. Wenn auch das große Ziel, ein einiges demokratisches Deutschland zu gründen, gescheitert war, so hofften viele Revolutionäre, zumindest die politischen Verhältnisse in den einzelnen Bundesstaaten nach den Regeln der Freiheit und Gleichheit gestalten zu können – zumindest dort, wo es noch möglich schien. Friedrich Tritschler wollte nun ein freies und menschenwürdiges Württemberg schaffen, und damit auch ein freies Kirchheim unter Teck. Mit Gleichgesinnten gründete er in diesem Jahr sogar eine eigene Zeitung, die »Sibylle – ein Volksblatt aus Kirchheim«, benannt nach einer lokalen Sagengestalt.

Doch im März 1850 holten der württembergische König und die württembergische Obrigkeit zum endgültig vernichtenden Schlag gegen die Demokraten aus. Der Kriminalsenat des zuständigen Gerichtshofes erhob Anklage gegen die führenden Teilnehmer des Kirchheimer Rebellenzugs vom Juni 1849, jener Nacht, in der die Revolutionäre kurzzeitig die Macht in Kirchheim übernommen hatten. Die Angeklagten befürchteten zu Recht hohe Strafen, und fast alle flohen in die Schweiz – Ende April, schweren Herzens, auch Friedrich Tritschler.

Die meisten Angeklagten wurden im August 1850 in Abwesenheit zu mehrjährigen Zuchthausstrafen verurteilt, für Friedrich Tritschler lautete das Urteil fünfeinhalb Jahre Gefängnis. Zudem entzog das Gericht Friedrich seine staatsbürgerlichen Rechte und beschlagnahmte sein Vermögen. Ohnmächtig musste er mit ansehen, wie er sein demokratisch gewonnenes Landtagsmandat verlor und der Staat ihn finanziell ruinierte.

Für Friedrich Tritschler und seine Familie begann damit eine bittere Zeit. Sein Vater hinterlegte für ihn bei Gericht eine Kaution von 600 Gulden, die jedoch verfiel, weil Friedrich es als zu gefährlich ansah, nach Kirchheim zurückzukehren. Zudem musste sein Vater ihm Geld in die Schweiz schicken, damit er dort, im Kanton Thurgau, über die Runden kam, Arbeit gab es dort keine für ihn.

Derweilen saßen seine Frau und die drei Kinder in Kirchheim auf einem wachsenden Schuldenberg, denn all die politischen Aktivitäten seit dem März 1848 hatten Friedrich Tritschler zu wenig Zeit für seine Geschäfte gelassen. Er hatte mehrere Kredite aufnehmen müssen, die er nun nicht mehr zurückzahlen konnte.

Im November 1850 vollzog König Wilhelm von Württemberg einen Staatstreich von oben: Er erklärte alle Anstrengungen um eine Verfassungsreform für ungültig und führte selbstherrlich das alte Klassenwahlrecht wieder ein.

Jetzt herrschten wieder Zustände, als hätten sich die vergangenen zweieinhalb Jahre nie ereignet: Der König war absolutistischer Herrscher von Gottesgnaden, es gab keine freien und allgemeinen Wahlen, das Bürgertum blieb von der Politik weitgehend ausgeschlossen. Nur der Adel und die, die viele Steuern zahlten, hatten etwas zu melden. Das freiheitlich-demokratische Intermezzo in der deutschen Geschichte war unwiderruflich vorüber.

24

Wohl im Frühsommer 1850, den exakten Zeitpunkt konnte ich nicht in Erfahrung bringen, wanderte Friedrich Tritschler nach Amerika aus; rund acht Jahre nachdem ich selbst aufgebrochen war.

Friedrich reiste zunächst allein, ohne seine Familie. Die Überfahrt über den Atlantik war für ihn sicherlich eine Strapaze, da er sich bestimmt nur die billigste Passage hatte leisten können. Einige Jahre später hat er solch eine Überfahrt in einem Brief beschrieben (ich hatte ähnlich Erfahrungen ja bereits gemacht):

> »Wir haben eine lange Fahrt gehabt, 35 Tage; diesmal habe ich die Wasserberge wiedergesehen, wir hatten viel Sturm, Regen fast jeden Tag; Stürme, die öfters vier Tage und Nächte dauerten, nichts zu essen, doch Gott sei Dank zu trinken. Ich lebte beinahe allein von ein wenig Hirse, schwarzem Pumpernickel und Wein. Wir waren so dicht gepackt, dass wir in der zweiten Kajüte kaum stehen konnten, konnten öfters wochenlang nicht auf's Vordeck, kurz, so schlecht als es nur sein kann; ich

hatte sehr bange, ob nicht Krankheit ausbrechen werde, beinahe alle Passagiere waren unwohl. Ich danke Gott, dem Allmächtigen, dass ich gesund hier ankam.«

Eine Reise über den Atlantik ist bis heute immer noch ein ausgesprochen gefährliches Unterfangen.

Friedrich Tritschler ließ sich in der Stadt Peoria im Bundesstaat Illinois nieder, rund 150 Meilen südwestlich von Chicago und über 600 Meilen von hier, Buffalo, entfernt. Peoria liegt am schönen Illinois River und hatte damals etwa 5000 Einwohner, so schätze ich; heute sind es wohl so um die 40000. Friedrich pachtete ein Grundstück von der Stadt und baute darauf ein einstöckiges Gebäude. Er begann mit einem kleinen Betrieb zur Seifenherstellung wie in Deutschland; das Gebäude verfügte über ein Eishaus und einen Pferdestall. Seine Wohnung, die woanders lag, hatte er indes nur gemietet.

Ein Jahr später, 1851, kam seine zweite Frau Babette, – seine erste Frau war verstorben, ohne dass die beiden Kinder gehabt hätten, – mit der jüngsten Tochter Marie hier zu ihm in die USA. Die beiden älteren Töchter, Wilhelmine und Sophie, blieben dauerhaft bei den Großeltern, Friedrichs Eltern, in Kirchheim. Begleitet wurde Babette von einer ihrer Schwestern. Friedrich hatte die beiden Frauen nach der kräftezehrenden Überfahrt direkt im Hafen in New York abgeholt.

Danach haben wir uns hier bei mir in Buffalo getroffen; ich habe die drei zu mir eingeladen, um ihnen nach der Reise Ruhe zu gönnen. Außerdem war ja alles neu für sie, ich wollte sie in vielen Fragen über die Neue Welt beraten. Es war mir ein Anliegen, Friedrich zu helfen, den ich doch seit meinen Kinder- und Jugendtagen aus Kirchheim kannte, von dem ich so viel gehört hatte, und der auf so erbärmliche Art aus Deutschland vertrieben worden war und hatte fliehen müssen. Welch eine Schande das doch war, dachte ich damals schon und denke es noch heute. Bei dieser Gelegenheit lieh ich Friedrich auch das erste Mal Geld. Es sollte sich und seine Familie hier einrichten können.

Es sei mir an dieser Stelle erlaubt, aus einem Brief von Babette Tritschler vom September, kurz nach ihrer Ankunft, eine Stelle zu zitieren, die mich betrifft; es möge nicht eitel wirken, aber es freut einen eben, wenn man Jahre später erfährt, dass das eigene freundliche Handeln von anderen gewürdigt wurde. Babette Tritschler schrieb damals an ihre Schwiegereltern:

> »Herr und Frau Schöllkopf haben uns mit aller Liebe und Freundlichkeit aufgenommen, wir brachten dort 5 Tage zu, weil Fritz das Reisen

sehr anstrengte. Herr Schöllkopf erzeigte uns viel Liebe, er wollte haben, wir Frauenzimmer sollten mit dem Kind noch mehrere Wochen bei ihm bleiben über die heißeste Zeit, in Buffalo ist das Klima wie draußen in Deutschland. Wir nahmen jedoch dieses Anerbieten nicht an, weil wir uns heimsehnten und reisten in Gottes Namen weiter.«

Auch das Reisen auf amerikanischem Boden war für die Familie beschwerlich: Von New York ging es zuerst mit dem Dampfschiff nach Albany, von Albany mit der Eisenbahn zu uns nach Buffalo, von hier mit einem weiteren Schiff über den Eriesee nach Detroit, von Detroit mit dem Zug nach New Buffalo am Michigansee, wieder auf einem Schiff über den See nach Chicago und zuletzt von dort mit einem letzten Dampfschiff den Illinois River hinauf bis nach Peoria – insgesamt weit über 1 000 Meilen Reiseweg.

Die Zukunft verhieß der Familie allerdings nichts Gutes: Friedrich Tritschlers Geschäfte liefen von Anfang an schlecht; ich habe ja bereits geschrieben, dass Friedrich ein geschickter Handwerker, aber kein guter Geschäftsmann war. Er bekam regelmäßig Geldzuwendungen von seinem Vater aus Kirchheim, die er stets in seine geschäftlichen Aktivitäten steckte, die er aber nie zurückzahlen konnte. Auch ich gewährte ihm mehrere Darlehen, die ich wieder und wieder prolongierte, trotzdem sah ich das meiste Geld bis zu seinem bedauerlichen Tod nicht wieder.

Jenseits seiner beständigen finanziellen Misere quälte ihn die Trennung von seinen beiden älteren Töchtern und den Eltern wohl sehr und verleidete ihm manchen Tag.

Nach ihrer Ankunft war seine Frau Babette zuerst ganz zuversichtlich, wie aus einem ihrer Briefe an Friedrichs Eltern in Kirchheim hervorging:

> »Peoria soll die schönste und gesündeste Gegend sein, im ganzen Illinois, auch haben wir eine recht angenehme Wohnung im gesündesten Stadtteil. Wir bewohnen den zweiten Stock eines Hauses von Backsteinen gebaut, haben 5 Zimmer, 2 große zum Heizen und drei kleinere, das Haus ist noch neu und hat schöne große Fenster, die Aussicht haben wir sehr schön.«

Finanziell machte Babette sich noch keinerlei Sorgen, über ihren Mann hielt sie fest: »Fritz ist sehr eifrig in seinem Geschäft, weil es ihm gelingt, und dabei auch etwas zu verdienen ist.«

Bereits Ende des Jahres 1851 allerdings wurde Friedrich Tritschler von einem großen Unglück heimgesucht – seine Werkstatt, sein gesamter Betrieb brannte bis auf die Grundmauern ab! Das Haus, alle seine Werkzeuge, die Bottiche und Töpfe, die Fette, der Talg – alles wurde ein Fraß der Flammen und komplett zerstört. Wie das Feuer ausgebrochen war, darüber habe ich nie etwas erfahren; womöglich hat auch Friedrich die Ursache nicht gekannt.

Friedrich stand jedenfalls vor dem Nichts. Die Schulden, die ihn bereits drückten, zurückzahlen zu können, wurde nun ein beinahe unmögliches Unterfangen. Und auch ein Erfolg versprechender Neuanfang schien schwieriger denn je.

So entschuldigt er sich in einem Brief an seine Eltern verzweifelt, dass von knapp 10 000 Gulden, die sein Vater ihm geliehen hatte, nun nichts mehr übrig sei. »Ich besitze hier keinen eigenen Groschen«, bekennt er. Weiter schreibt er: »Ich wollte, dass der Vater sein sauer erworbenes Gut noch lang in Glück und Gesundheit genießen könnte, es tut mir leid, herzlich leid.« Gleichzeitig versucht er seine Eltern zu beruhigen: »Aber darauf kann er stolz sein, dass sein Sohn in keiner Beziehung sich etwas Unrechtes bewusst ist, dass ich nie keinen Sinn hatte für das Geld, für das edle Geld, an dem so manches Herz so schwer hängt.«

Resigniert fügte er an: »Ich plage mich Tag und Nacht wie ein Narr, und wenn ich meine, ich könnte etwas verdienen, kommt wieder etwas drein.«

Zeitweise scheint er beinahe ohne Hoffnung gewesen zu sein: »Aber die Sorgen, Vater, die Sorgen drücken mich oft fast zu Boden.«

25

Die allgegenwärtige Not drückte Friedrich Tritschler nieder, der tägliche Kampf ums Überleben nahm nicht nur all seine Kraft in Anspruch, nein, er verleidete ihm in den Vereinigten Staaten auch jeglichen politischen Einsatz. War er in Deutschland so ein herausragender Streiter für Demokratie und Freiheit gewesen, hier in Amerika wollte er von Politik nichts mehr wissen. Im Sommer 1852 sandte er einen Brief an seine Eltern, darin schrieb er, tief enttäuscht:

> »Ich halte zu keiner Partei, die Politik ist mir hier Nebensache, ich habe wenig Sinn mehr dafür, die Menschheit ist mir zu gemein, ich habe schon zuviel Erfahrung darin, als dass ich mehr an sie glauben kann; überall Eigennutz, Gemeinheit, selten Ehrbarkeit und Gemeinsinn.«

Auch mit dem christlichen Glauben haderte er, zumindest schienen ihm Gottes Vertreter auf Erden, allen voran Pastoren und Pfarrer, suspekt. Über sie notierte er:

> »Jesum Christum liebhaben und den lieben Geldbeutel ist keine Kunst, das ist die Kunst Eurer teuflischen Seelenhirten, eurer Paffen. Diese belügen und bescheißen den lieben Herrgott, wenn es die königliche Regierung verlangt, Gewissen brauchen sie keines, es ist genug, wenn sie dem dummen Pöbel eines ins Herz flicken.«

Die Jahre seines politischen Kampfes, sein Einsatz für Freiheit und Demokratie, sein Sehnen nach Gerechtigkeit, all dies schien ihn ausgelaugt zu haben. Sah er die Menschen, die Menschlichkeit verloren? Oder urteilte er, dass es in den Vereinigten Staaten nicht notwendig sei, sich zu engagieren, weil hier eine demokratische Verfassung galt, und jeder ehrbare Mann bei der Wahl sein Kreuz machen konnte, egal wie viel er verdiente, ob ihm eines oder tausend Rinder gehörten?

Andere deutsche Freiheitskämpfer von 1848 verschlug es ebenfalls in die USA, in dieses ferne Exil, manche machten auch auf dem amerikanischen Kontinent Politik, wollten sich weiter für den Fortschritt in der Welt einsetzen; *Forty-Eighters* werden sie hier häufig genannt. Von ihnen nennen will ich Carl Schurz, Friedrich Hecker und Gustav Struve, stellvertretend für viele andere. Sie kämpften hier ein zweites Mal für die Freiheit, allerdings nicht für ihre eigene, sondern für die der Sklaven.

Hecker und Struve hatten ja im Großherzogtum Baden Freischarzüge angeführt, hatten mit Gewalt versucht, die Demokratie auszurufen – und waren gescheitert.

Carl Schurz stürmte erst im Rheinland ein Zeughaus, um Waffen für die Revolution zu erbeuten, schlug sich dann in die Garnison Rastatt durch, die letzte Bastion der deutschen Revolutionäre. Als auch dort der Kampf verloren war, gelang ihm eine abenteuerliche Flucht durch einen Abwasserkanal und er landete, wie viele andere, im Schweizer Exil.

Hecker, Struve und Schurz wanderten in die USA aus und sahen auch die hiesige Gesellschaft mit kritischem Blick: Die Südstaaten betrieben Sklaverei, die Nordstaaten waren dagegen; die Sklaverei wurde von den Deutschen schnell als unmenschlich erkannt. Angeblich soll Hecker damals gesagt haben, dass »wir deutsch-amerikanischen Flüchtlinge nicht für die Ausbreitung der Sklaverei« sein können, damit würden wir »unsere Vergangenheit, die Fahne, unter der wir gefochten haben und unsere Brüder gestorben sind«, entehren wie auch »die Gräber unserer standesrechtlich Gemordeten«, so steht es zumindest in einer Erinnerungsschrift.

Die drei kämpften, als 1861 der Amerikanische Bürgerkrieg zwischen den Nordstaaten und den Südstaaten ausbrach, naturgemäß auf der Seite der

Nordstaaten, der so genannten Union, gegen die Sklavenhalter der Südstaaten, die Konföderation. Alle drei meldeten sich höchst freiwillig zum Dienst an der Waffe, wurden reguläre Soldaten und warfen sich in das tödliche Kriegsgetümmel.

Carl Schurz brachte es während des Bürgerkriegs bis zum Generalmajor, soweit ich mich erinnere; Präsident Abraham Lincoln ernannte ihn zum Dank für seinen Einsatz nach dem Krieg jedenfalls zum amerikanischen Botschafter in Spanien. Anschließend vertrat Schurz den Bundesstaat Missouri im amerikanischen Senat in Washington, er gründete Zeitungen, kümmerte sich um Indianerfragen und bekämpfte die Korruption. Vor rund zwanzig Jahren, 1877, wurde er mit nur 48 Jahren sogar für vier Jahre Innenminister der USA.

Bereits 1867/1868 war Schurz einmal zurück nach Deutschland gereist und hatte dort den preußischen Ministerpräsidenten Otto von Bismarck getroffen, der nur wenige Jahre später das Deutsche Kaiserreich zusammengefügt hat, wie wir heute wissen. Der Demokrat und der Monarchist unterhielten sich über Politik, Schurz vertrat die Ansicht, dass das amerikanische Volk sich nicht »zu einem so selbstvertrauenden, energischen, fortschrittlichen Volk entwickelt hätte, wenn an jeder Pfütze in Amerika ein Geheimrat oder ein Schutzmann gestanden hätte« wie im alten Deutschland.

Wird Carl Schurz heute gefragt, wo seine Heimat ist, so antwortet er stets: »*Ubi libertas, ibi patria* – wo die Freiheit ist, da ist das Vaterland«; zumindest wird es so überall berichtet. Wer weiß, was dieser Mann noch leisten wird. Welch eine Karriere, welch ein Leben – ich könnte mir vorstellen, dass zukünftige Generationen Carl Schurz ob seiner Verdienste womöglich irgendwann ein großes Denkmal errichten könnten, vielleicht in Washington oder New York.

Diese drei Männer stehen für die edelste politische Gesinnung: für Freiheit, Demokratie, Gerechtigkeit, für das Streben nach Glück, wie es unsere amerikanische Verfassung jedem Einzelnen garantiert.

Und Friedrich Tritschler gehört in die Reihe solcher Helden, auch wenn er nie so berühmt geworden ist und sich sein politischer Freiheitskampf auf Deutschland und dort auf Württemberg beschränkte.

26

Meine politischen Überzeugungen gelten bis heute den liberalen und demokratischen Ideen, was sich jeder Gutwillige erschließen kann, der meinen Lebenslauf studiert – wobei die Radikalität und in gewisser Weise Naivität mancher Revolutionäre mir stets fremd waren; so wichtig die Freiheitsrechte auch sein mögen, selbst in einer Republik wird nicht aus jedem Kerl gleich ein guter Mensch. Das Leben wird immer ein Kampf bleiben, Unehrlichkeit und Gemeinheit, Egoismus und Boshaftigkeit werden nie aus der Welt verschwinden. So muss der Mensch auch um jeden politischen Fortschritt stets aufs Neue ringen.

1851 organisierte ich mit anderen eingewanderten Deutschen in Buffalo eine Sammlung für das »German National Loan«, das den politischen Kampf der in Deutschland gescheiterten Demokraten weiter unterstützen sollte; wie wir heute, vierzig Jahre später wissen, war das Bemühen leider umsonst.

Wir arrangierten auch einen Besuch des bekannten Theologen und Demokraten Gottfried Kinkel in Buffalo; er hatte am badischen Aufstand in Rastatt teilgenommen, war verhaftet und zu lebenslanger

Haft verurteilt worden. Es gelang jedoch auch ihm, aus dem Gefängnis zu fliehen, anschließend war er nach Amerika ausgewandert. Mit seinen öffentlichen Auftritten warb er nicht nur dafür, die demokratischen Bestrebungen in Deutschland weiter zu unterstützen, was aufgrund der politischen Lage nach 1850 natürlich sinnlos war, sondern er verdiente mit seinen Vortragsreisen auch bescheidenes Geld für seinen Lebensunterhalt. Dem ungarischen Freiheitshelden Ludwig Kossuth, der 1848 für die Unabhängigkeit Ungarns von Österreich gestritten hatte, bereiteten wir hier ebenfalls einen großen Empfang.

Doch zugegeben, meine geschäftlichen Aktivitäten nahmen in meinem Leben stets den weitaus größten Teil meiner Aufmerksamkeit in Anspruch. Waren zu produzieren, zu handeln, mit meinem Geld zu arbeiten, da lag und liegt mein Können und auch meine Leidenschaft. Zu Anfang musste ich meine Gerbereien aufbauen, dann kamen meine Niederlassungen in den verschiedenen Städten, ich expandierte ununterbrochen und suchte nach weiteren Möglichkeiten zu investieren.

Im Geschäftsleben wie privat genoss ich die Freiheit der Vereinigten Staaten; kein König oder Herzog konnte mir Fesseln anlegen und mir etwas vorschreiben. Viel Zeit neben der Arbeit blieb mir allerdings meist nicht.

Mitte der 1850er-Jahre stieg ich neben den Gerbereien in das Mühlengeschäft ein. In Black Rock direkt am Eriekanal, nur drei Meilen nördlich von Buffalo, ließ ich eine große Getreidemühle errichten. Doch will ich hier gleich ehrlich sein – jahrelang lief dieses Projekt schlecht, die »North Buffalo Mill« schrieb rote Zahlen, ich musste immer wieder Geld aus meinem Ledergeschäft zuschießen.

Erst 1875 gelang es mir, die Mühle zum Erfolg zu führen und dauerhaft mit ihr Gewinn zu erzielen. Was brachte die Wende zum Guten? Ich lernte einen jungen Mann namens George B. Mathews kennen, einer der klügsten Köpfe, die mir in meinem Leben über den Weg gelaufen sind. Mathews glaubte an das Mühlengeschäft und sagte ihm eine goldene Zukunft voraus.

Er war überzeugt, dass die Weizenanbaugebiete im Westen weiter wachsen würden, die Ackerflächen sich vervielfachen und immer mehr Getreide in den Osten der USA geliefert werden würde. Die Städte dort würden seiner Meinung nach rasant an Einwohnern zunehmen und so immer mehr Mehl benötigen. Und die Stadt Buffalo, die genau auf dieser Strecke liegt, sei der ideale Standort für das Mühlengeschäft.

Mathews sollte mit all seinen Überlegungen Recht behalten; unsere Umsätze stiegen schnell, weil die Nachfrage in die Höhe schnellte. Durch technische Neuerungen in der Produktion konnten wir die

Effizienz der Produktion erhöhen und die Qualität unseres Mehls deutlich verbessern. Gelang es uns zu Anfang nur, aus dem Weizen knapp 40 Prozent der Getreidemenge an Mehl zu erzeugen, schafften wir es im Laufe der Zeit, diese Rate auf rund 65 Prozent zu steigern. Bald errichteten wir eine weitere Mühle direkt in Buffalo. Unsere »Schoellkopf & Mathews Mills« waren technisch führend und produzierten das feinste Mehl weit und breit, wir waren besser als alle unsere Konkurrenten.

So kann ich sagen, dass ich Mitte der 1870er-Jahre nicht nur einer der bedeutendsten Gerber in den Vereinigten Staaten war, sondern auch einer der größten Müller des ganzen Landes. Und es erfüllt mich durchaus mit ein wenig Stolz, dass ich seit damals von verschiedenen Seiten »King Jacob« genannt werde. Das zeugt ja nicht nur von Respekt vor meinem Erfolg, sondern ich sehe diesen Ehrentitel aus dem Volksmund auch als Beleg dafür, dass ich in den Vereinigten Staaten nach all den Jahren verwurzelt bin; es hätte natürlich gern auch ein anderer Titel als der eines Königs sein können.

Weder vergessen noch unterschlagen will ich ein weiteres Geschäftsfeld: Mit meinem nach mir benannten Sohn Jakob Friedrich gründete ich die »Schoellkopf Aniline & Chemical Company«. Jakob Friedrich hatte bis 1880 in München und Stuttgart Chemie studiert; Deutschland war und ist ja führend in der chemischen Produktion, die Hälfte aller Farbstoffe weltweit kam zeitweise von dort. Warum dieses Geschäft nicht auch hier in Amerika aufziehen, fragten wir uns nach seiner Rückkehr; zumal das Färben für meine Lederproduktion von großem Interesse war. So wurde unsere gemeinsame Firma zum ersten großen Anbieter von Anilinfarben in Amerika (manche sagen auch Teerfarben dazu).

Schon früh hatte ich erkannt, dass ich durch finanzielle Beteiligungen an Unternehmen zusätzliches Geld verdienen konnte. So sitze ich oder saß ich in den Aufsichtsgremien verschiedener Banken, der »Third National Bank«, der »White's Bank«, der »Merchants' and German Bank« und der »Power City Bank«. Ich halte Anteile an Versicherungsunternehmen wie der »German Insurance Company« und war Großaktionär der »Buffalo, New York & Philadelphia Railroad«.

Wenn sich in der Geschäfts- und Finanzwelt eine attraktive Chance bietet, versuche ich zuzugreifen. Dazu möchte ich an dieser Stelle eine Anekdote erzählen, an die ich mich gern erinnere:

> Ende des Jahres 1881 brach ich wieder einmal zu einer meiner regelmäßigen Reisen in die alte Heimat nach Kirchheim auf. Zuvor hatte ich erfahren, dass die amerikanische Regierung plante, eigene Schuldverschreibungen von den Haltern zum Nennwert

zurückzukaufen. Ich wies meine Mitarbeiter an, Kredite bei verschiedenen Banken aufzunehmen, so viel Geld wie nur irgend möglich zusammenzutragen und mir nach Deutschland anzuweisen. Als ich zurückkam, hatte ich einen riesigen Schrankkoffer dabei – und der war von oben bis unten voll mit Schuldverschreibungen der amerikanischen Regierung. Die hatte ich in Deutschland weit unter dem Nennwert gekauft und konnte sie hier mit Gewinn wieder verkaufen. Welch eine Gelegenheit! Ich möchte mit dem Geschäft nicht prahlen, aber es war mehr als nur eine ansehnliche Summe Dollars, die da zusammenkamen.

Seit Jahren bin ich in Buffalo und der Umgebung auch in verschiedenen Verbänden und Gremien tätig; ich sitze im »Buffalo Board of Trade«, war Präsident der »Citizens Gas Company« und wirke in der Verwaltung des »Buffalo Central Hospital« mit. So habe ich, zumindest auf lokaler Ebene, immer politisch Einfluss nehmen können.

Es versteht sich von selbst, dass ich mich auch ehrenamtlich einsetze. Verschiedene Vereine, aber auch einzelne Personen habe ich mit vielen Dollars unterstützt, oft in Notfällen, meist dauerhaft zum Wohl der Gemeinschaft.

Auch meiner geliebten Heimatstadt Kirchheim ließ ich Zuwendungen zukommen, unter anderem finanzierte ich 1892 die neugotische Kapelle auf dem städtischen Friedhof.

Dass beim ehrenamtlichen Engagement nicht immer alles so läuft, wie man es sich wünscht, erlebte ich allerdings auch: 1883 finanzierte ich für den »Verein Junger Deutscher Männer« hier in Buffalo den Bau einer großen Music-Hall. Die imposante Halle bot Platz für ein achtzigköpfiges Orchester und 3 000 Besucher, es war ein Konzertsaal der Extraklasse.

Entsprechend war die Eröffnung beim großen »23. Sängerfest« der deutschen Gesangsvereine aus ganz Amerika ein mitreißender Erfolg. Nur zwei Jahre später brannte der wunderschöne Bau indes bis auf das Fundament ab. In der Zwischenzeit wurde das Gebäude im Stil eines deutschen Opernhauses wiederaufgebaut, was mich wiederum ein Vermögen gekostet hat.

27

Mein bedeutendstes unternehmerisches Vorhaben startete ich im Mai 1877: Nie war ich ein größeres Wagnis eingegangen, nie hatte mich ein Vorhaben mehr fasziniert, aber auch mehr herausgefordert. Über kein anderes meiner zahlreichen Projekte und Unternehmungen in meinem Leben wurde in der Öffentlichkeit ausführlicher gesprochen und berichtet.

Die Niagarafälle, mehr oder weniger vor den Toren Buffalos gelegen, nur rund 20 Meilen nordwestlich, hatten mich schon lange fasziniert. Musste es nicht möglich sein, diese enormen Wasserkräfte wirtschaftlich zu nutzen? War es nicht geradezu eine Verschwendung, diese extreme Kraftquelle der Natur ungenutzt zu lassen?

Der Niagara River verbindet den Eriesee mit dem Ontariosee, an den Niagarafällen stürzt das Wasser fast 60 Meter in die Tiefe, senkrecht, ungebremst. Unvorstellbare Wassermassen brechen oben über die Plateaukante und ergießen sich in die Tiefe – jeden Tag, jede Minute, jede Sekunde, ohne je ein Ende zu finden. Welche Gewalt, welche Kraft – vor allem aber: welche Energie!

Die Menschen begeistert dieser Anblick wildester, ursprünglicher Natur stets aufs Neue, die scheinbar unbeherrschbare Gefahr, die die tosenden Wassermassen darstellen, fasziniert und verstört die Betrachter. Mich beschäftigte hingegen die Frage, wie man sich diese frei verfügbare Kraft nutzbar machen konnte. Meine großen Getreidemühlen benötigten viel Energie, stetig wachsende Mengen Energie, und an einem Platz wie hier gab es Energie im Überfluss. Und ließen sich nicht noch ganz andere Maschinen mit der enormen kostenlosen Gewalt betreiben, womöglich ganze Maschinen- und Industrieanlagen?

Versuche, die Wasserkraft der Niagarafälle zu bändigen, hatte es bereits seit den 1850er-Jahren gegeben. Erst hatte ein französischer Pelzhändler oben am Niagara River eine Sägemühle betrieben. Dann hatte eine Firma versucht, einen ersten Kanal anzulegen, um die Strömungsenergie des Wassers gezielter und effektiver nutzbar zu machen. Doch die Kosten für den Kanalbau stiegen so unerwartet, dass das Unternehmen bereits nach gut einem Jahr pleite ging.

Es kam eine zweite *Company*, mit frischem Geld, sie ließ den Kanal weiter vorantreiben – bis sie ebenfalls finanziell ruiniert war. Dann fanden sich wieder neue Geldgeber, die waren zäher, über 15 Jahre wurde an dem großen Kanal weitergeschaufelt und geschachtet, ohne jedoch zu einem Ende zu kommen; bis auch diese Firma ihre Schulden nicht mehr bedienen konnte.

Es war eine lange Geschichte des Scheiterns, keinem der verschiedenen Konsortien war es gelungen, die Wasserkräfte der Niagarafälle zu bändigen und mittels Mühlen, Sägewerken oder anderer Betriebe Geld zu verdienen. Das Vorhaben hatte von Mitte der 1850er- bis Mitte der 1870er-Jahre wohl fast eine Million Dollar verschlungen, eine enorme Summe, ohne ein brauchbares Ergebnis zu erzielen. Ich hatte all die Bestrebungen verfolgt.

Trotz dieser Misserfolge wollte es mir nicht in den Kopf, warum es unmöglich sein sollte, diese von der Natur wie auf einem Präsentierteller zur Verfügung gestellte Energie wirtschaftlich zu nutzen. Ich war überzeugt, dass mit der Wasserkraft der Niagarafälle Geld, viel Geld zu verdienen sein musste, wenn man es nur richtig und geschickt anpackte.

Die Sache barg ein enormes Risiko, ich musste ja erst noch die richtige Vorgehensweise finden. Die Investitionskosten würden wahrlich hoch sein, zahllose Unwägbarkeiten drohten, die Gefahr des Scheiterns war groß, das war mir alles bewusst. Aber das Vorhaben schien mir gleichzeitig eine ungeheure Chance zu sein. Sollte es gelingen, die Energie der Wasserfälle im großen Stil technisch nutzbar zu machen, wäre eine entsprechende Anlage eine nie versiegende Quelle riesiger Gewinne.

Am 1. Mai 1877, ich kann mich an den Tag natürlich noch genau erinnern, wurden die bis dahin errichteten Bauten, der Kanal und seine Anlagen sowie verschiedene Gebäude an den Niagarafällen versteigert, zwangsversteigert nach der letzten Pleite. Es waren ein oder zwei Dutzend Geschäftsleute erschienen, doch ich war mir sicher, dass keiner von ihnen ernsthaft erwog, ein Angebot zu unterbreiten. Sie waren nur aus Neugier aufgetaucht, um den Verrückten zu bestaunen, der das Ganze kaufen wollte. Das Vorhaben galt als unkalkulierbares unternehmerisches Abenteuer, die meisten Anwesenden sahen einen Kauf als finanziellen Selbstmord an.

Und dann hob ich die Hand – und griff zu! Für alles in allem 76 000 Dollar erhielt ich den Zuschlag und erwarb die ganze Anlage sowie ein großes Stück Land ringsherum. Welch eine Sensation! Viele der in dem Raum anwesenden Unternehmer schüttelten die Köpfe und starrten mich an. Ein ungläubiges Raunen war zu vernehmen, als das Geschäft vom Versteigerer besiegelt wurde. Doch ich war in diesem Moment überzeugt, ein kalkulierbares Wagnis einzugehen. Ich glaubte an die Wasserkraft der Niagarafälle, ich wollte an sie glauben!

Allerdings zeigten mir anschließend nicht nur viele Geschäftspartner ihr Misstrauen. Selbst meine treue Frau Christiane, die sich sonst kaum in meine geschäftlichen Dinge einmischte, hat, als ich ihr sagte, ich hätte »den Graben« gekauft, womit ich den Kanal meinte, das Schlimmste befürchtet. »Jakob, Jakob, du treibst uns noch in den Ruin mit deinen verrückten Plänen!«, hat sie gerufen. Selbst mein stets loyaler und verdienstvoller Kompagnon George Mathews schimpfte: »Was willst du mit all dem Wasser, Jakob? Du kannst es nicht nutzen und du kannst es nicht verkaufen.«

Meine Banken, die mir sonst jederzeit gern Kredite gewährten und damit nicht gerade wenig Geld verdienten, taten meine Pläne, mit den Wasserfällen Profit machen zu wollen, mehr oder weniger als Spinnerei ab. Sie sprachen vor allem von allen möglichen Gefahren und gaben mir am Ende keinen Kredit für das Vorhaben.

So stand ich allein, war jedoch entschlossener denn je. Es musste möglich sein, dieses Geschenk der Natur zu bändigen, diesen unendlichen Energievorrat in bare Münze umzuwandeln; und ich dachte an viel Geld, sehr viel Geld. Auch meine Gerbereibetriebe und Mühlengeschäfte hatte ich gegen manchen Widerstand aufgebaut, mit viel Arbeitseinsatz, aber auch mit Geschick und Gespür hatte ich über drei Jahrzehnte lang meine Unternehmen vorangetrieben. Ich hatte gute Mitarbeiter gefunden, mit George gar einen Mitstreiter, fähiger und besser konnte man sich keinen vorstellen; damit beruhigte ich mich.

Warum also sollte mir das Glück dieses Mal nicht hold sein? Oder hatte ich zu hoch gepokert?

Mit Einsatz großer finanzieller Mittel gelang es uns erst einmal, den Kanal fertigzustellen. Das war der erste wichtige Schritt. Dann ging es darum, Geld zu verdienen: Meine Idee war, direkt am Kanal Land zu verpachten oder zu verkaufen, auf dem Investoren Mühlen und Fabriken errichten sollten. Den Unternehmern konnte ich einen optimalen Betriebsstandort anbieten, mit Wasserkraft ohne Ende, unabhängig von der Jahreszeit, dazu mit Zugang zu einem beschiffbaren Kanal und zur Eisenbahn. Daneben offerierte ich attraktive Parzellen für Privathäuser.

Um das Geschäft zum Laufen zu bringen, gingen wir mit gutem Beispiel voran. Gemeinsam mit George Mathews baute ich 1877 und 1888 dort zwei Getreidemühlen; die größere der beiden, die »Niagara Flouring Mills«, im Volksmund bald nur noch »Big Mill« genannt, war damals die größte Getreidemühle in den ganzen Vereinigten Staaten. Der Umsatz und der Erlös der beiden Mühlen waren immens, das dort erzeugte Hartweizenmehl ging überwiegend per Schiff nach Großbritannien.

Bald sahen Investoren den Erfolg und taten es uns nach. So siedelten sich unterschiedliche Unternehmen an, darunter weitere Getreidemühlen, eine Papierfabrik, ein Versilberungsbetrieb, eine Fabrik für optische Geräte. Bereits nach dem ersten Betriebsjahr warf unsere Anlage an den Niagarafällen Gewinn ab; bald erweiterten und vertieften wir den Kanal, um mit noch größeren Wassermengen noch mehr Leistung für die Turbinen zu gewinnen.

28

Als ich 1877 die Kanalanlage an den Niagarafällen und das Gebiet drum herum kaufte, konnte ich eines allerdings nicht ahnen, das gebe ich zu: dass ich nur wenige Jahre später mit der Wasserkraft Strom erzeugen würde, und dass die Stromerzeugung sich zu einem der größten und besten Geschäfte meines ganzen Lebens entwickeln würde.

Zu Anfang war der Plan ja nur gewesen, mit Hilfe der Wassermassen Mühlen und Turbinen anzutreiben. Wobei ich schon damals von Werner Siemens gehört hatte, einem Erfinder, der in Deutschland die Dynamomaschine perfektioniert hatte und damit Strom produzieren konnte.

Außerdem hörte man von elektrischen Straßenlaternen, die an manchen Orten der Vereinigten Staaten die Menschen begeisterten. Ein Erfinder namens Thomas Edison experimentierte Anfang der 1880er-Jahre in New York nicht nur mit elektrischer Straßenbeleuchtung, er versuchte sogar ganze Geschäftsgebäude und Wohnungen damit erleuchten; und sollte dies nach einigen Jahren auch schaffen.

Die Entwicklung dieser neuen Technik erschien mir äußerst vielversprechend, welch ungeahnte Möglichkeiten konnte doch Licht bieten, das unbegrenzt zur Verfügung stand und das man überallhin bringen konnte. Jedenfalls wollte ich ausloten, welche Chancen bestanden, und von Anfang an bei dieser Entwicklung dabei sein.

So ließ ich 1881 eine unserer Mühlen zu einem Wasser-Generatorenwerk umbauen. Die Anlage erzeugte von Beginn an so viel Elektrizität, dass damit die Maschinen einer Papiermühle sowie weitere Maschinen in der Umgebung betrieben werden konnten. Es war wohl weltweit die erste Industrieanlage, die auf diese Art mit Strom versorgt wurde. Das Zeitalter der neuen Elektrotechnik begann, die ersten Fabriken stellten auf elektrischen Antrieb um. Welch ein Fortschritt!

Für unsere Kunden, die direkt an den Wasserfällen angesiedelten Industrieunternehmen, hatte die Stromenergie einen gigantischen Vorteil: Sie war unschlagbar billig, viel billiger als die Energie, die die weit verbreiteten Dampfkraftwerke lieferten. Für 30 Pferdestärken mussten die Unternehmen bei mir im Jahr rund 300 Dollar bezahlen, die gleiche Leistung aus Dampfturbinen kostete hingegen etwa 2 200 Dollar – was für ein Unterschied, was für eine Ersparnis!

Darüber hinaus lieferten wir im Umkreis von drei Meilen über Leitungen Strom bis zu zehn Pferdestärken, für die Beleuchtung von zwei Mühlen, einigen Straßen, mehreren Läden und Büros. In kurzer Zeit kamen immer mehr Unternehmen und wollten von unserem sagenhaften Strom profitieren.

Am Rande des auf Seiten der Vereinigten Staaten gelegenen Aussichtspunktes an den Niagarafällen hatten wir eine elektrische Beleuchtung installiert; diese stellte sich bald als Touristenattraktion heraus, zu der die Eisenbahngesellschaft spezielle »Electric Light Excursions« anbot. Alle Menschen wollten dieses neue Licht aus Strom bewundern.

Die Technik der Stromübertragung hatte anfangs noch ihre Schwächen, sie funktionierte nicht über mehr als ein paar Meilen; erst durch den Einsatz von Wechselstrom konnten dann größere Distanzen überwunden werden.

Bereits 1886 habe ich zusätzlich den Uferstreifen unterhalb der Wasserfälle gekauft, weil wir noch größere Wasserkraftanlagen planten; ich wollte das ganze Gefälle ausnutzen, nicht wie bisher nur einen Teil davon. So ließen wir dann Wasser durch Rohre den gesamten Abhang hinunterstürzen, 65 Meter tief, direkt hinein in Turbinen am Ende der Rohre. Dann haben wir begonnen, die große *Powerstation*, das große Kraftwerk, am Fuß des Abhangs zu bauen, direkt unterhalb des Kanalendes. Erst 1896, vor zwei Jahren, war die Anlage fertig.

Welche Kraft, welche Energie, welcher Nutzen! In dem wuchtigen Steingebäude arbeiten heute – nach einem weiteren schnellen Ausbau – fünfzehn Turbinen, die zusammen 34 000 Pferdestärken schaffen. An jeder Turbine sind zwei oder mehrere Generatoren angeschlossen, insgesamt erzeugen wir dort nun sage und schreibe rund 13 000 Kilowatt Strom.

Dieser Strom verändert die gesamte Wirtschaft radikal, eigentlich das ganze Leben, nicht nur direkt an den Niagarafällen, sondern in weiten Teilen des Staates New York. Der Schöllkopf-Strom ermöglicht es nun fast überall, elektrische Lichter einzusetzen, auf Straßen, in Büros, in Geschäften und Wohnhäusern, mit dem Strom kann die chemische Industrie und die Aluminiumproduktion zu ganz neuen Leistungen gebracht werden, zahllose kleine Fabriken können ihre Produktion verbessern und steigern, elektrische Eisenbahnen kommen zum Einsatz.

So habe ich noch in meinen Siebzigern ein ganz neues Kapitel in meinem Leben als Unternehmer aufgeschlagen, vielleicht das spannendste und bedeutendste. Doch darüber soll einmal die Nachwelt urteilen.

29

Nun habe ich wieder manche Seite verfasst, auf der es nur um mich ging und nicht um Friedrich Tritschler. Aber je mehr ich darüber nachdenke, während ich hier im Zimmer auf- und ablaufe oder mich vom Schreibtisch in meinen schweren Ledersessel vor den Bücherregalen zurückziehe: Vielleicht war das Ziel meines Schreibens von vornherein, nicht nur Friedrichs, sondern auch mein Leben zu beleuchten, nur dass ich mir das nicht gleich eingestanden habe.

Draußen zeigen sich die ersten Wintertage, nachts sinken die Temperaturen schon weit unter den Gefrierpunkt. Seit mehreren Monaten sitze ich nun regelmäßig an diesen Notizen, denke nach und schreibe; etwas, das ich so in meinem Leben noch nie getan habe.

Ich bin nun 78 Jahre alt, meine Kräfte lassen nach, auch wenn es mir schwerfällt, das einzugestehen. Mein Leben war so reichhaltig, ein Segen, nun neigt es sich dem Ende zu. Friedrich Tritschlers Leben ist bereits seit langem vergangen. Vielleicht sehen wir uns ja in Gottes ewigem Reich wieder, niemand kann dies wissen, sondern jeder nur hoffen.

Jeder von uns wollte vieles erreichen, die Welt aus den Angeln heben, unsere Kräfte haben manches zum Besseren gewendet; ich ging meinen Weg als erfolgreicher Geschäftsmann, Friedrichs Bestimmung war sein Kampf als Demokrat und Revolutionär.

Doch war Friedrichs Weg der bedeutendere? Ich für meinen Teil habe abertausenden Menschen Arbeit gegeben und sie ordentlich bezahlt, habe die moderne Technik vorangetrieben, die das Leben der Menschen angenehmer macht. Anständig habe ich mich um meine Kinder und meine Frau, um viele meiner Verwandten gekümmert. Ich bin ein wohltätiger Mensch, habe vielerlei gemeinnützige Vorhaben unterstützt, gespendet für die Kirche und soziale Einrichtungen.

Wie ist es Friedrich Tritschler Mitte der 1850er-Jahre weiter ergangen? Hat er sich in den Vereinigten Staaten zu Hause gefühlt, ist es ihm gelungen, sich hier eine neue Existenz aufzubauen und für sich und seine Familie doch noch ein kleines Glück zu finden?

Er tat sich wohl sehr schwer, verständlich nach der Vertreibung aus Deutschland und dem Schicksalsschlag mit seinem abgebrannten Betrieb. Ende 1857 reiste Friedrich zum ersten Mal wieder zurück nach Kirchheim; der württembergische König hatte eine Amnestie erlassen für die Revolutionäre von 1848, Friedrich musste also keine Angst haben, wieder verhaftet zu werden. Er besuchte seine zwei älteren Töchter und seinen Vater, seine Mutter war in der Zwischenzeit verstorben.

Friedrich Tritschler schien zu überlegen, ob er sich wieder in seiner Heimat niederlassen sollte, ob er dort an sein altes Leben anknüpfen könnte. Aber die zweifelhaften Lebensumstände schienen ihn von seinem Plan Abstand nehmen zu lassen: Die politischen Verhältnisse in Württemberg waren gedrückter denn je, der König führte ein striktes, autoritäres Regiment, die Obrigkeit griff bei jeder Kleinigkeit ein, Polizei, auch Geheimpolizei, allüberall. Dazu waren die Menschen so arm wie früher, wirtschaftlich ging nichts voran. Es gab keine Freiheit und keine Aussicht auf Freiheit.

Dass Friedrich sich hingegen durchaus schon ein wenig mit den Vereinigten Staaten verbunden fühlte, zeigte sich daran, dass er sich für seinen kurzen Heimataufenthalt Zeitungen aus den Vereinigten Staaten nachschicken ließ, wie ich erfahren habe.

Am 21. Dezember schreibt Friedrich in einem Brief von Kirchheim aus an seine Frau in Peoria: »Meine Ankunft war für mich sehr ergreifend; mein lieber Vater und Kinder sind wohlauf, Gott sei Dank.« Die Trennung von seinen beiden älteren Töchtern hat Friedrich wohl nie verwunden, sie war ihm ein Grund steter Trauer.

Am 17. Januar 1858 verfasst er noch einmal ein Schreiben an seine in den Vereinigten Staaten verbliebene Familie, worin er seine Enttäuschung über die politischen Verhältnisse in seiner Heimat erwähnt: »Die Gesichter hier im Ganzen genommen sehr langweilig; es ist ein furchtbares Kräwinklerleben. Hier die Spießbürger vergehen fast in Tränen, eine solche demoralisierte Korruption wie man nicht denken kann; kurz, das Volk ist schrecklich verdummt.« Er schien abgeschlossen zu haben mit der Hoffnung, dass sich in Kirchheim und Württemberg das Leben zum Besseren wenden könnte.

Friedrichs Rückhalt zu dieser Zeit war seine Familie. Am Ende des Briefes schrieb er seiner Frau: »Ich küsse Dich und die Marie tausendmal und sage meiner lieben Marie, sie solle doch recht brav bleiben, bis mich der liebe Gott wieder zu Euch bringt.«

Rührend antwortete ihm sein kleines Töchterlein Marie: »Ich bin sehr froh, dass Du glücklich über das Meer gekommen bist, ich und die liebe Mutter haben auch recht fleißig zu dem lieben Gott für Dich gebetet, und dass er dich möge glücklich und gesund in diesem neuen Jahr zu uns zurückbringen.«

Wie genau es Friedrich und seiner Familie 1858 und in der ersten Hälfte des Jahres 1859 erging, kann ich nicht berichten, da mein Kontakt zu ihm zu dieser Zeit eher sporadisch war. Heute, im Rückblick, kann ich dies nur bedauern. Sicherlich muss ich vermuten, dass es bei ihm geschäftlich nach wie vor nicht gut lief; seine Schulden bei mir konnte er jedenfalls nicht begleichen und bat immer wieder um Aufschub.

Mir liegt ein letzter Brief von Friedrich und seiner Frau an seinen Vater in Kirchheim vom Januar 1859 vor, in dem er bekannte: »Der Geldmangel ist noch sehr groß und in Folge dessen gehen die Geschäfte auch noch langsam. Ich habe viel Mühe und Arbeit und hoffe, mich in ein paar Jahren loszumachen. Das ist alles mein Streben, um als rechtschaffender Mann gelebt zu haben.«

Es sollte ihm nicht gelingen.

30

Ende September 1859 erreichte mich eine überraschende, sehr betrübliche Nachricht – Friedrich Tritschler war am 21. des Monats in Peoria verstorben.

Keine Vorzeichen hatten auf seinen Tod hingedeutet, zumindest für mich nicht, niemand hatte mir etwas Drohendes berichtet. Bis heute sind mir die näheren Umstände seines Ablebens nicht bekannt. War Friedrich schon länger schwer krank gewesen? Oder hatte ihn unerwartet die Influenza befallen, ein Herzschlag ereilt oder eine Sepsis dahingerafft? Ein Unfall soll es jedenfalls nicht gewesen sein. Genaueres, nein, ich weiß es nicht zu berichten.

Schaue ich heute zurück, bewegt und bedrückt mich der Gedanke an seinen frühen Tod; er war ja nur 49 Jahre alt geworden, war noch ein Mann mitten in seinem Leben gewesen.

Sein Sterben blieb im Dunkeln, obwohl ich, kaum hatte ich von seinem Tod erfahren, nach Peoria reiste und seine Frau samt ihrer kleinen Tochter noch kurz vor ihrer Abreise nach Deutschland dort antraf. Die Witwe war noch immer, wie übrigens auch Friedrich, württembergische Staatsbürgerin, beide hatten nie offiziell die amerikanische Staatsbürgerschaft angenommen. Da zeigte sich doch die tiefe Verbundenheit zur Heimat. Babette Tritschler verkaufte damals zügig all ihr Hab und Gut und siedelte zurück nach Kirchheim unter Teck. Friedrich Tritschler wurde vor Ort in Peoria zu Grabe getragen.

Es blieb nicht viel Habhaftes übrig von seinem Leben. In einem Brief an seinen Vater schrieb ich, aus meiner heutigen Sicht zu geschäftlich, vielleicht zu hartherzig:

»Dort angekommen, fand ich, dass das ganze Eigentum von ihrem Sohn besteht in einem einstöckigen Gebäude, worin Seife und Lichter gemacht werden können, einige eiserne Kessel und Lichterformen, welches genau gesprochen sehr wenig Wert hat, das alles auf gelehntem Grund steht; es könnte vielleicht in günstigen Verhältnissen 1 000 Dollar bringen, aber ich zweifle es sehr.«

Damals hatte ich vor allem die ausstehende Schuld Friedrich Tritschlers bei mir im Blick und notierte weiter an seinen Vater: »Ich kann daher nicht anders, als an Ihr Redlichkeitsgefühl zu appellieren, ob Sie nicht bezahlen wollen; denn offen gesprochen, als Geschäftsmann hätte ich Ihrem Sohn kein Geld geliehen, sondern nur als Freund.«

Wohl hätte ich damals besser getan, nicht nur an meine Finanzen zu denken, sondern mehr Mitgefühl zu zeigen. Direkt nach Friedrich Tritschlers Ableben spürte ich aber nur kurze Trauer. Sein Tod war ein Schrecken, aber so mancher Bekannter, auch Freund, starb in jungen Jahren. Ich selbst stand ja noch mitten im Leben. Der Tod gehört nun mal zum Dasein auf dieser Erde, so dachte ich damals und so tue ich es im Grunde auch heute. Doch heute weiß ich besser als früher, dass der Wert eines Menschen sich nicht nur nach seinen beruflichen Leistungen und seinem Verdienst bemisst, sondern danach, ob er sich bemüht, die Welt ein Stück besser zu machen.

Von meinem Leben wird nach meinem Tod manches bestehen bleiben, die Menschen werden sich an mich erinnern. An Friedrich Tritschler erinnert heute schon nichts mehr – das sollte nicht so sein!

Deshalb habe ich in den vergangenen Monaten oft geblättert und gelesen, nach Worten gesucht und all die Sätze zu Papier gebracht. Friedrich Tritschler hatte kein leichtes Leben, beileibe nicht, aber er hat jenseits allen Eigennutzes versucht, für sich und seine Mitmenschen eine bessere Welt zu schaffen. Friedrich hat viel riskiert und einen hohen Preis bezahlt.

Ich ziehe meinen Hut vor ihm und bezeuge ihm meinen Respekt. Er hatte ein großes Herz und war ein mutiger Kämpfer für die Freiheit. Er war ein wahrer Demokrat und Revolutionär!

Jakob Friedrich Schöllkopf
Buffalo, im Dezember 1898

Epilog

Friedrich Tritschler starb 1859 im Alter von 49 Jahren in Peoria im Bundesstaat Illinois. Jakob Friedrich Schöllkopf starb vierzig Jahre später, 1899, in Buffalo im US-Bundesstaat New York. Er wurde 79 Jahre alt.

Beide Männer haben tatsächlich gelebt und sich auch persönlich gekannt. Alle in diesem Buch genannten Personen, Orte und Zeitangaben sind historisch verbürgt, alle Ereignisse entsprechen, soweit wie möglich, den Tatsachen. Die in Anführungszeichen gesetzten Textteile sind wörtlich aus historischen Quellen übernommen; dabei habe ich Orthografie und Zeichensetzung zurückhaltend den heutigen Standards angepasst.

Allerdings hat Jakob Friedrich Schöllkopf keine Aufzeichnungen über das Leben von Friedrich Tritschler und sein eigenes hinterlassen, zumindest ist nichts dergleichen bekannt, und es ist auch nicht wahrscheinlich. Schöllkopf war ein Geschäftsmann, kein Schriftsteller.

Jedoch hätten die Erinnerungen so oder ähnlich aussehen können. Es hätte der Wunsch des reichen und angesehenen Industriemagnaten sein können,

Kirchheim unter Teck (um 1850)

dass der Revolutionär und Demokrat Friedrich Tritschler nicht in Vergessenheit gerät. Denn Tritschler und seine Familie gekannt und unterstützt, das hatte er ja tatsächlich. Gleichzeitig hätte Schöllkopf damit ein spannendes Stück deutsch-amerikanischer Geschichte aufgeschrieben.

An Friedrich Tritschler erinnerte in seiner Heimatstadt Kirchheim unter Teck über 150 Jahre lang nichts. Erst 2016 beschloss der Gemeinderat, eine Straße in einem neuen, innerstädtischen Quartier nach ihm zu benennen. Freiheitskämpfer hatten es in der deutschen Geschichte schon immer schwer.

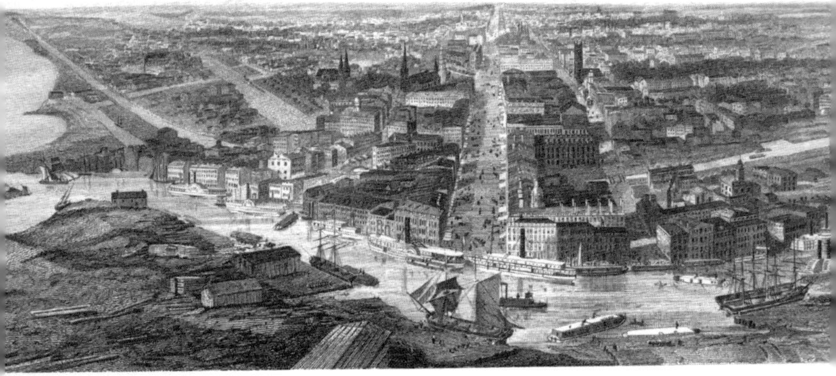

Buffalo (1852)

Nach Jakob Friedrich Schöllkopf wurden in Kirchheim eine Straße, eine Schule und ein Brunnen benannt, auf dem alten Friedhof findet sich an der von ihm gestifteten Kapelle eine Gedenktafel.

In den USA steht auf dem Friedhof von Buffalo noch heute Schöllkopfs mannshoher Grabstein.

An Friedrich Tritschler hingegen erinnert in den USA nichts, er hat keine Spuren hinterlassen; sein Grab ist unbekannt.

Die »Schöllkopf-Vogelsche Stiftung«, die Jakob Friedrich Schöllkopf 1891, acht Jahre vor seinem Tod, gemeinsam mit seinem Vetter Fred Vogel gegründet hat, überweist jedes Jahr 10 000 Dollar an die Stadt Kirchheim unter Teck sowie 50 000 Dollar an die Verwaltung Stuttgarts, um die Not der »würdigen Armen beiderlei Geschlechts, ohne Unterschied der Religionen« zu lindern, wie es in den Statuten heißt – bis heute.

Dank

Sehr zu Dank verpflichtet fühle ich mich dem Kirchheimer Lokalhistoriker Eberhard Sieber, meinem ehemaligen Geschichtslehrer am Kirchheimer Ludwig-Uhland-Gymnasium, sowie Manfred Waßner, Leiter des Archivs des Landkreises Esslingen. Ohne Siebers Arbeiten über Friedrich Tritschler und Waßners Arbeiten über Jakob Friedrich Schöllkopf hätte ich dieses Buch nicht verfassen können.

Zudem möchte ich Sabine Widmer-Butz, ebenfalls Geschichtslehrerin, hervorheben, die im Rahmen der 2006 erschienenen großen Stadtgeschichte von Kirchheim unter Teck ein erhellendes Kapitel über die Stadt im 19. Jahrhundert geschrieben hat.

Denn es gilt: Ohne lokalhistorische Arbeiten sind die großen Linien der Geschichtsschreibung nicht wirklich zu verstehen. Erst die lokalen Geschichten erfüllen die Weltgeschichte mit Leben.

Mein Respekt gebührt dem bereits 1862 verstorbenen württembergischen Finanzassessor Rudolf Moser, der

1842 im Auftrag der Verwaltung des Königreichs Württemberg eine detaillierte Beschreibung des Verwaltungsbezirkes »Oberamt Kirchheim« verfasste. Sie bietet einen erstaunlichen Einblick in das Leben und den Alltag in der Mitte des 19. Jahrhunderts.

Cordelia Freiwald, Michael Hopf, Nils Klawitter, Joachim Kronsbein, Christof Mauch und Johannes Wendland haben mir manch nützlichen Hinweis gegeben – herzlichen Dank für Eure Mühe!

Ich danke der Stadt Kirchheim unter Teck und dem dortigen Verschönerungsverein sowie Willi Kopf und Andreas Kenner für ihre großzügige Unterstützung, den Druck des Buches möglich zu machen. In diesem Zusammenhang danke ich Karl-Heinz Schöllkopf und insbesondere auch Willi Kamphausen, der mit wahrlich großem Engagement half.

Mein besonderer Dank gilt meiner Frau Katrin und meiner Tochter Helen für Rücksicht, Geduld und Verständnis – Ihr seid wunderbar!

Joachim Mohr, Hamburg

Bildnachweise:
Stadtarchiv Kirchheim unter Teck (S. 6, 9, 153),
Courtesy of The Buffalo History Museum,
used by permission (S. 154)

ISBN 978-3-86351-468-6

Umschlaggestaltung: Christiane Hemmerich
Konzeption und Gestaltung, Tübingen.
Lektorat: Sabine Besenfelder, Tübingen.
Herstellung: Horst Schmid, Mössingen.
Satz: Alexander Frank, Ammerbuch.
Druck und Einband: Pustet, Regensburg.

Mehr über das Verlagsprogramm von Klöpfer & Meyer
finden Sie unter: *www.kloepfer-meyer.de*